U0598149

# 高尔夫球概论

国家体育总局科教司　组编

黄代华　邓丕超　王伟　主编

中国教育出版传媒集团

高等教育出版社·北京

内容简介

　　本书为国家体育总局科教司组织编写的新时代高等职业学校体育专业教材。"高尔夫球概论"是高尔夫球运动与管理专业的基础课程，本书紧密围绕《职业教育专业简介（2022年修订）》《高等职业学校高尔夫球运动与管理专业教学标准》，内容涵盖高尔夫球运动概述、高尔夫球场与运动装备、高尔夫球运动技术、高尔夫球运动实战、高尔夫球赛事策划与管理、高尔夫球俱乐部经营与管理、高尔夫球运动礼仪与竞赛规则等方面。

　　本书可以作为高尔夫球运动与管理专业的基础课程教材，也可以作为其他体育专业的高尔夫球专项课程教材，还可以作为高尔夫球培训机构、高尔夫球爱好者的学习参考资料。

**图书在版编目（ＣＩＰ）数据**

　　高尔夫球概论 / 国家体育总局科教司组编 ；黄代华，邓丕超，王伟主编. -- 北京 : 高等教育出版社，2024.5

　　ISBN 978-7-04-061380-3

　　Ⅰ. ①高… Ⅱ. ①国… ②黄… ③邓… ④王… Ⅲ.①高尔夫球运动-高等职业教育-教材 Ⅳ. ①G849.3

　　中国国家版本馆CIP数据核字(2023)第218876号

高尔夫球概论
Gaoerfuqiu Gailun

| | | | | | | | |
|---|---|---|---|---|---|---|---|
| 策划编辑 | 易星辛 | 责任编辑 | 易星辛 | 封面设计 | 裴一丹 | 版式设计 | 李彩丽 |
| 责任绘图 | 易斯翔 | 责任校对 | 陈 杨 | 责任印制 | 朱 琦 | | |

| 出版发行 | 高等教育出版社 | 网　　址 | http://www.hep.edu.cn |
|---|---|---|---|
| 社　　址 | 北京市西城区德外大街4号 | | http://www.hep.com.cn |
| 邮政编码 | 100120 | 网上订购 | http://www.hepmall.com.cn |
| 印　　刷 | 三河市吉祥印务有限公司 | | http://www.hepmall.com |
| 开　　本 | 787mm×960mm 1/16 | | http://www.hepmall.cn |
| 印　　张 | 10.25 | | |
| 字　　数 | 160千字 | 版　　次 | 2024年5月第1版 |
| 购书热线 | 010-58581118 | 印　　次 | 2024年5月第1次印刷 |
| 咨询电话 | 400-810-0598 | 定　　价 | 22.00元 |

本书如有缺页、倒页、脱页等质量问题，请到所购图书销售部门联系调换
版权所有　侵权必究
物料号　61380-00

# 编委会

主　　编：黄代华　邓丕超　王　伟

副 主 编：杨华峰　邓　威　何灿斌　杨　蕾

编　　委：贺一鸣　朱炜淼　唐风云　唐周雄
　　　　　沈　娜　贺　静　冯宝贵　陆时红
　　　　　陈　炜　李　源　刘旭兵

前　言

随着国家和社会的不断发展，人们生活水平的逐步提高，人们越来越崇尚美好的生活。休闲运动在人们生活中扮演着越来越重要的角色，高尔夫球运动是集休闲、健身、娱乐和社交等于一体的休闲运动，是一种高雅的休闲运动。高尔夫球运动又是一项职业化很强的项目，特别是 2016 年高尔夫球运动再次被列入奥运会比赛项目，对从事高尔夫球运动与管理专业相关的人才提出了更高的要求。

为贯彻落实党的二十大报告提出的"加强教材建设和管理"的要求，贯彻全国教育大会、全国职业教育大会精神，在充分调研、了解教学需求的基础上，我们依据《职业教育专业简介（2022 年修订）》《高等职业学校高尔夫球运动与管理专业教学标准》，围绕高尔夫球运动与管理专业学生的需求，回应"培养什么人、怎样培养人、为谁培养人"这一根本问题，组织编写了新时代高等职业学校体育专业教材——《高尔夫球概论》。本书力求突出以下几方面特色：

一是实现价值引领。本教材聚焦高尔夫球运动的精神和高尔夫球运动与管理专业人才的职业素养，让学生体会崇尚自然、尊重规则、讲究礼仪的项目精神以及精益求精、团结协作的职业素养等方面的内容，对项目、对职业有更深的理解和体会。

二是对标教学质量标准。本教材对标《职业教育专业简介（2022 年修订）》《高等职业学校高尔夫球运动与管理专业教学标准》，围绕高尔夫球运动与管理专业基础课程"高尔夫球概论"的要求，系统地展示了高尔夫球运动的基础知识、技战术、赛事策划与管理、俱乐部经营与管理、礼仪与竞赛规则等内容。

三是内容实用适用。本教材从高尔夫球运动与管理专业学生所需的专业知识、技术技能和职业素养出发，以就业需求为导向，分设七章，由点及面、由理论到技能，层层递进，关键内容配有案例，引发学生对理论指导实践的思考和探索，培养学生的创新意识，提升学生的思考能力和实际操作能力。

本书由黄代华、邓丕超、王伟主编，具体分工如下：第一章，杨华峰、刘旭宾、何灿斌、李源；第二章，黄代华、贺一鸣；第三章，唐周雄、朱炜淼；第四章，王伟、陈炜；第五章，邓威、唐风云；第六章，杨蕾、沈娜；第七章，邓丕超、冯宝贵。本书由黄代华、陆时红、贺静统稿。

在本书编写过程中，广泛吸收、借鉴了国内外专家学者的研究成果，得到了国家体育总局科教司、全国体育职业教育教学指导委员以及高等教育出版社的大力支持和指导，在此一并表示感谢。

由于编写时间比较仓促，编写组水平有限，教材中难免存在不妥之处，恳请读者批评指正。

编写组

2024 年 3 月

# 目　录

# 第一章

## 高尔夫球运动概述

### 本章导言

高尔夫球运动是一项历史悠久的户外体育运动，它有着诚信自律的运动精神、绿色阳光的场地特色、变化多样的技术要求、老少皆宜的参与广度、愉悦身心的锻炼效果以及不断挑战的运动魅力。受近代职业体育运动的发展影响，高尔夫球运动正向着专业化、职业化、大众化方向发展。2016年里约热内卢奥运会，高尔夫球运动再次回归奥林匹克大家庭，有利于其进一步在世界范围内普及和发展。

### 学习目标

1. 了解高尔夫球运动的起源与发展。
2. 熟悉我国高尔夫球运动的发展，以及高尔夫球运动与奥林匹克运动会的发展渊源。
3. 掌握高尔夫球运动的特点与价值。
4. 熟悉现代高尔夫球场、高尔夫球赛事、高尔夫球规则发展经历。

## 第一节　高尔夫球运动的起源与发展

### 一、高尔夫球运动的起源说

高尔夫球运动是利用不同的高尔夫球杆将高尔夫球打进球洞的一项运动项目。关于高尔夫球运动的起源，长期以来存在一定争议。世界上很多研究者在探讨高尔夫球运动的起源时，都会将其与欧洲的其他休闲娱乐活动联系起来，试图从中找出一种可能是高尔夫球运动前身的运动形式。有人认为，"golf"一词源自葡萄牙的"kolf"，它与德国的"kolbe"和丹麦的"holbe"意思相近；也有人认为，高尔夫球运动起源于1754年欧洲苏格兰王国的圣安德鲁斯（St Andrews）；还有人认为是古罗马人将一种类似高尔夫球运动，名叫paganica的游戏带到了早期的欧洲；有人则认为是智利印第安人将这项运动传入欧洲；也曾有人认为高尔夫球运动是由法国的jeudemail（槌球）游戏或荷兰的kolven球（一种在长18米、宽6米的室内和冰地玩的游戏）演变而来的；等等。总之，在15世纪初，几乎还没有任何有关高尔夫球运动方面的书面记载。高尔夫球运动与古代中国的捶丸有着密切的渊源，它在发展过程中也吸收了我国捶丸运动的特点。

人们普遍认为现代高尔夫球运动起源于苏格兰的圣安德鲁斯城，但也存在以下几种说法。

#### 1. 荷兰起源说

荷兰人一直都不认同高尔夫球运动起源于苏格兰的说法，他们认为高尔夫球运动起源于荷兰。据荷兰的学者和历史学家考证，在14纪中叶到16世纪，荷兰有一种叫kolven的运动，它是在冰面上打球的比赛，球杆和球的形状、打球方法、用语等方面都和高尔夫球运动相似。因为"考尔夫"与"高尔夫"在语音和语感上相似，所以很多史学家认为这种运动就是高尔夫球运动的原形。但由于这种游戏不是击球入洞，而是以打中立在地面或冰面上的立柱计胜负，所以很多学者尤其是苏格兰学者坚持认为高尔夫球运动的发源地不是荷兰。

#### 2. 法国起源说

法国有项运动叫"jeudemail"，翻译过来叫"槌球"。这是一种用木槌击打球穿过球门的运动，球场上分布着各种设计过的障碍物，这些障碍物会阻止球的前进路线，需要球员利用各种技巧越过障碍将球槌进球门。但是，它们没有高尔夫球运动中的独特元素——球洞。

### 3. 苏格兰起源说

关于高尔夫球运动的起源，流传最广的一种说法是苏格兰起源说。中世纪之前，一位苏格兰牧羊人在放羊时，用牧羊棍击石子取乐，一次偶然把石子击入远方的兔子窝中，从中得到启发，发明了"击石入窝"的游戏，后来被称为高尔夫球运动。"高尔夫"这个词最早出现在 14 世纪苏格兰议会的文件中，这是唯一一个有会议文件记录的说法，而且得到了世界大部分高尔夫球运动热爱者的认同。苏格兰的圣安德鲁斯高尔夫球俱乐部还是高尔夫球运动规则的制定机构，所有的大型高尔夫球运动比赛都必须符合其制定的比赛规则的基本要求。

### 4. 中国起源说

"捶丸"是我国古代一种体育娱乐活动。《东轩笔录》记载了公元943—975 年，南唐有一县令在他官宅庭院里以穴地为球窝，教习他的孩子进行捶丸游戏。20 世纪，在河北巨鹿发掘了许多宋代瓷器，其中有一陶枕，枕上绘制了童子捶丸的场景。另外，在我国新疆、甘肃敦煌地区的石窟壁画，以及故宫博物院所藏的绘画中也有反映儿童参与类似捶丸的游戏。这充分说明，自 10 世纪中叶捶丸已经在我国广泛流行，成为宋元时期深受广大老百姓喜爱的体育娱乐活动。

《丸经》成书于"元世祖至元十九年，署名宁志斋老人"。根据《丸经·集序》中"至宋徽宗、金章宗皆爱捶丸"的记述，可知捶丸运动在北宋徽宗宣和七年（公元 1125 年）就已形成。按照《丸经》的记述，中国捶丸的竞赛规则早在 1282 年就已经成立，时间比英国的高尔夫球竞赛规则的确定时间早 472 年，因此，捶丸很可能是在元代传入欧洲的。法国一位著名的东方学者莱麦撒根据大量的史料，考证了中国古代文化由蒙古人西征传入欧洲。蒙古人的西征，将以前闭塞的欧亚路途完全打开。元代是一个大规模东西文化交流的时代，而东学西渐是主要趋向，因为征服者的文化，特别是接受了汉文化影响的元文化，对被征服者而言是占统治地位的文化。因此，"捶丸入西"说是有可能的。

## 二、现代高尔夫球运动的起源与发展

### （一）现代高尔夫球运动的起源

高尔夫是英文单词"GOLF"音译而来，G＝Green代表绿色；O＝Oxygen代表氧气；L＝Light代表阳光；F＝Friendship代表友谊。这四个英文字母渗透着高尔夫球运动的内涵，高尔夫球运动是在充满新鲜空气和灿烂阳光的绿草坪上漫步并进行击球入洞的运动。

现代高尔夫球诞生在700多年前的苏格兰，那里是海洋性气候，空气温和湿润，绿草被当地的牧羊啃食得很低，使得球的滚动速度好，滚球目标明显。15世纪中，高尔夫球运动在苏格兰已经盛行，根据苏格兰历史记载，詹姆斯四世国王曾于1502年解除了对高尔夫球运动的禁令，并成为一位热爱高尔夫的国王。他还在圣安德鲁斯建造了第一个皇家高尔夫球场，这也是全世界最古老的高尔夫球场之一。圣安德鲁斯被誉为"高尔夫之乡"，并成为高尔夫球运动的发源地和圣地。

16世纪后，高尔夫球运动逐渐传播到英格兰、法国、荷兰等欧洲国家，17世纪传入美洲。据记载，1735年爱丁堡皇家伯杰斯高尔夫球协会成为历史上第一家有文字记载的高尔夫球协会。1743年第一本经典高尔夫著述《高尔夫》完成出版。1764年，圣安德鲁斯球场头4个洞改成两个洞，使球洞总数从22洞变成18洞，创立了18洞标准比赛场地。19世纪中期，随着工业革命和铁路交通的发展，高尔夫球运动得到了更广泛的推广和普及。同时，高尔夫球杆、球和球场的设计也有了很大的改进和创新。高尔夫球运动更是在20世纪得到了进一步的发展，从苏格兰走向了全英国、全欧洲，甚至全世界。

### （二）现代高尔夫球运动的发展

#### 1. 现代高尔夫球场的发展

（1）萌芽与形成时期（15世纪至18世纪）

在高尔夫球运动的早期阶段，球场的设计和布局相对简单。最早的球场出现在苏格兰，当时球洞是在自然地形上布置的。球场通常是开放的草地，没有明确的球道和障碍物。球洞的数量也不固定，通常是10~20个。在这个时期，球场的设计主要依赖自然地形和地形特点。球洞的位置通常是根据地形的起伏和障碍物的分布来确定的。球员需要根据地形和障碍物的情况来选择击球策略，这增加了高尔夫球运动的挑战性。

早期的球场通常是开放的，没有明确的球道。球员需要根据球洞的位置和地形特点来选择击球的方向和力量。他们可能需要越过河流、穿过沼泽地或绕过树木等障碍物。这要求球员具备良好的球技和战略意识，以便在不同的地形和障碍物下找到最佳的击球路径。

球场的起伏也是早期球场设计的一个重要特点。球员可能需要在山坡上或下坡上击球，这对于控制球的飞行路径和着陆点提出了更高的要求。球员需要根据地形的起伏来调整击球的力量和球杆选择角度，以确保球的飞行轨迹和击球点符合他们的意图。

此外，早期球场上的障碍物也是运动的一部分。这些障碍物可以是自然的，如河流、湖泊、沼泽地、树木；也可以是人工的，如沙坑、水坑。球员需要避开这些障碍物，以避免球的落点受到影响或球被困在障碍物中。

总的来说，早期的高尔夫球场设计依赖自然地形和地形特点。球洞的位置和球场的布局是根据地形的起伏和障碍物的分布来确定的。球员需要根据地形和障碍物的情况来选择击球策略，以达到最佳的击球效果。这种设计增加了运动的挑战性和策略性，使高尔夫球运动成为一项富有挑战性和趣味性的运动。

（2）改进与规范时期（18世纪末至19世纪）

18世纪末至19世纪，高尔夫球场开始进行改进和规范，使得球场的设计更加有序。

第一，球洞的数量逐渐固定为18个，这成为现代高尔夫球场的标准。这个改变使得球员在一轮比赛中能够面对不同类型和难度的球洞，增加了比赛的挑战性和变化性。

第二，球道的规划和球洞的布局开始得到更多的关注。球道开始使用乔木和灌木进行分隔，形成了明确的球道走向，这样的设计使得球员能够更好地识别球道的边界，并更加准确地击球。球道的规划也考虑了球洞之间的距离和位置，以确保比赛的公平性和平衡性。

第三，球场开始修建沙坑和水障碍物，增加了球洞的挑战性。沙坑和水障碍物的设置要求球员在击球时更加小心谨慎，以避免球落入这些障碍物中，这增加了比赛的策略性和技术性，球员需要更加精确地控制击球的力量和方向，以避开这些障碍物。

这个时期的球场的设计更加规范和有序。固定的 18 个球洞数量使得比赛更具挑战性和变化性，球道的规划和障碍物的设置增加了比赛的策略性和技术性，这些改进为现代高尔夫球场的设计奠定了基础，并为球员提供了更好的比赛体验。

（3）普及与巅峰时期（20 世纪初至 20 世纪中叶）

20 世纪初至 20 世纪中叶被广泛认为是高尔夫球场设计的巅峰时期。在这个时期，一些杰出的球场设计师如奥古斯特·纽曼（Augusta National Golf Club 的设计师）、阿尔斯特·麦肯齐（Alister MacKenzie）开始崭露头角。他们引入了一系列创新的设计理念，其中包括考虑球洞的战略性和球道的自然地形，这些杰出的设计师注重球场的美学价值和挑战性，将球场设计提升到了艺术的境界。他们精心布局球洞，通过设置巧妙的障碍物，球员在击球时必须综合考虑球洞的位置和障碍物的影响。这种设计理念不仅增加了球场的挑战性，也提升了比赛的策略性。与此同时，球场设计师充分利用球场的自然地形和景观，使得球场具备了独特的美学价值。他们巧妙地融合了球道和自然环境，创造出叹为观止的景观效果。球员游走于球道之间，不仅能够享受高尔夫球运动的乐趣，还能欣赏大自然的美丽。

总之，这个时期的设计师注重战略性和挑战性，充分利用球场的自然地形和景观，创造出一系列令人惊叹的球场艺术品。这些设计理念至今仍然影响着现代高尔夫球场的设计，使得每一场高尔夫球比赛都成为一次视觉和战略上的盛宴。

（4）创新与发展时期（20 世纪中叶至今）

20 世纪中叶以后，高尔夫球场设计进一步创新和发展。随着科技的进步和球员水平的提高，球场的设计也变得更加复杂和具有挑战性。

在现代设计中，球道的长度和宽度增加，为球员提供更大的挑战。这要求球员具备更强的力量和技巧来击球，同时也增强了比赛的激烈程度。设计师还注重球道的多样性，通过设置不同类型的障碍物，如沙坑、水障碍区和草长，增加了球洞的难度和策略性。这样的设计使得球员需要在击球时综合考虑球洞的位置、障碍物的影响以及自身的技术水平，从而增加了比赛的战略性。

与此同时，现代设计注重球场的公平性。设计师使用先进的测量和建模技术，以确保球场的公平性和可持续性。他们精确测量球道的长度和宽度，确保每个球洞都能提供公平的挑战。此外，设计师还考虑球场的可持续性，采取措施来保护球场的自然环境和资源，以确保球场的长期可用性。

除了设计方面的改进，现代设计还注重球场的维护和管理。球场的维护和管理得到了更多的关注，以提供更好的球场条件和体验。通过使用先进的草坪管理技术和设备，球场能够保持良好的草坪质量和球道条件。这使得球员能够在最佳的球场条件下进行比赛，提高了比赛的质量和体验。

总之，随着科技的进步和球员水平的提高，现代高尔夫球场设计得以不断发展和创新。设计师注重球场的挑战性和公平性，通过增加球道的长度和宽度，设置多样化的障碍物，以及使用先进的测量技术和建模技术，为球员提供更好的比赛体验。同时，球场的维护和管理也得到了改进，以确保球场的质量和可持续性。高尔夫球场在不同的发展阶段得以不断发展和改进，旨在为球员提供更好的挑战和体验，同时提升球场的美学价值和可持续性。

**2. 高尔夫球赛事的发展**

（1）早期发展（18 世纪至 19 世纪）

高尔夫球运动的早期阶段，赛事的组织和规模相对较小。最早的高尔夫球赛事可以追溯到 18 世纪末的苏格兰，当时一些俱乐部组织了小规模的比赛。这些比赛通常是在俱乐部会员之间进行，参与人数有限。在这个时期，高尔夫球赛事的规则和形式也相对简单。比赛通常在一个球场上进行，参赛选手按照规定的球洞顺序进行比赛，最终根据击球次数确定胜负。比赛的奖励通常是一些小的奖品或荣誉。

（2）专业赛事的兴起（20 世纪初至 20 世纪中叶）

20 世纪初，高尔夫球开始逐渐发展成为一项专业运动。随着职业高尔夫球员的出现，专业高尔夫球赛事也开始兴起。各个国家和地区也相继举办了自己的专业高尔夫球赛事，如加拿大公开赛、澳大利亚公开赛。在这个时期，高尔夫球赛事的组织和管理也得到了改善，成立了专门的高尔夫球协会，负责规定比赛规则、组织赛事和管理选手等。高尔夫球协会的成立为高尔夫球赛事的发展提供了更加稳定和专业的基础。

（3）职业巡回赛的形成和世界高尔夫球锦标赛的兴起（20 世纪中叶至今）

20 世纪中叶，职业高尔夫球巡回赛形成。PGA 巡回赛是世界上最重要的职业高尔夫球巡回赛之一，吸引了全球顶级选手的参与。PGA 巡回赛的成立为职业高尔夫球员提供了更多的机会和平台，使他们能够在全球范围内参与更多的比赛，并争夺更高的奖金和荣誉。此后，其他国家和地区也相继成立了自己的职业高尔夫球协会和巡回赛。欧洲高尔夫球巡回赛（European Tour）成立于 1972 年，成为欧洲最重要的职业高尔夫球巡回赛。亚洲巡回赛、日本巡回赛等也相继兴起。职业高尔夫球巡回赛的形成和发展，为高尔夫球运动的职业化和商业化提供了重要的推动力。这些巡回赛不仅为选手提供了更多的机会和挑战，也吸引了更多的赞助商和观众的关注，推动了高尔夫球运动的全球化发展。

拓展阅读：高尔夫球运动四大满贯赛事介绍

拓展阅读：高尔夫男子三大职业巡回赛数据指标

世界高尔夫球锦标赛由国际 PGA 巡回赛联合会（the International Federation of PGA Tours）创办，由一系列年度顶级男子职业高尔夫赛事组成，它被认为是地位仅次于四大满贯赛事的高尔夫球比赛。世界高尔夫球锦标赛的推出归功于 1996 年形成的国际 PGA 巡回联合会。在世界高尔夫球锦标赛中，来自世界各地的高尔夫球选手通过多种形式（比洞赛、比杆赛）进行比赛。唯有世界排名靠前的顶尖球员，才能获得世界高尔夫球锦标赛的参赛资格，这一标准将确保强大的参赛阵容。世界高尔夫球锦标赛的创立，旨在维护六个巡回赛成员的传统及实力的同时加强世界职业高尔夫的竞争架构。

世界高尔夫球赛事的发展经历了从早期的小规模比赛到专业赛事的兴起，再到职业高尔夫球巡回赛的形成和重要赛事的兴起的过程。这些赛事的发展推动了高尔夫球运动的普及和进步，吸引了更多的人参与和关注高尔夫球运动。

### 3. 高尔夫球规则的发展

（1）球场规则萌芽期（15 世纪至 18 世纪初）

在高尔夫球运动的早期阶段，比赛规则并没有统一的标准。每个球场都有自己的规则，通常是由当地的高尔夫球俱乐部或球场制定的。比赛通常在自然地形上进行，没有固定的球洞。球员的目标是将球击入预定的目标区域，通常是一个标志性的地标，如一棵树或一个岩石。

（2）第一本规则手册出现（18 世纪中期）

随着高尔夫球的普及，人们开始意识到需要统一的比赛规则。1754 年，圣安德鲁斯高尔夫俱乐部编制了第一本规则手册，被认为是高尔夫球比赛规则的里程碑，这本手册规定了球洞的标准尺寸和球的规格。此外，它还规定了球员在击球时应该遵守的基本规则，如不得移动球、不得干扰其他球员。

（3）第一本比赛规则发布（19世纪）

高尔夫球运动在19世纪得到了进一步的发展和规范。1848年，圣安德鲁斯高尔夫俱乐部发布了第一本正式的比赛规则手册，被称为《高尔夫球规则》，这本手册规定了球洞的数量和标准距离，并引入了计分系统。根据这些规则，球员需要将球击入球洞中，然后记录击球次数，最后，击球次数越少的球员获胜。

（4）规则不断更新和完善（20世纪初）

高尔夫球运动在20世纪初得到进一步发展，比赛规则也得到进一步的完善，在接下来的几十年里不断更新和完善规则。其中一些重要的改变包括规定球洞的标准尺寸和深度、规定球员在击球时应该遵守的行为准则、规定球员在球洞周围的特殊情况下的处理方式等。

（5）规则的统一制定和管理（20世纪后期至今）

随着高尔夫球运动的全球化，国际高尔夫联合会（IGF）负责统一和管理全球范围内的高尔夫球比赛规则。IGF定期更新和修改规则，以适应运动的发展和变化。这些修改包括球洞标准的进一步细化、球员行为规范的更新、计分系统的改进等。此外，IGF还制定了一系列专门的规则和指南，如球场管理规则、球具规则等，以确保比赛的公平性和一致性。

总的来说，高尔夫球比赛规则的演变过程是一个逐步统一和完善的过程。从最早的没有统一规则的阶段，到18世纪中期规则手册的出现，再到19世纪的规范和20世纪的进一步完善，最终到国际高尔夫联合会的成立和规则的全球统一，高尔夫球比赛规则经历了一个漫长的发展过程，为运动的发展和比赛的公平性提供了重要依据。

**4. 高尔夫球运动职业化发展**

（1）职业化的启蒙（20世纪以前）

早期的高尔夫球职业球员，并没有严格的身份界定，他们大都是通过打球比赛而获取利润的一些球员。在19世纪以前高尔夫球运动一直是业余运动，比赛也是业余的。直到19世纪中叶，随着社会劳动生产关系的不断变革和发展，人们对打高尔夫球有了更深层次的要求，如经济利益刺激了人们原有的淳朴的运动方式。

1902年，英国伦敦成立了世界上第一个职业高尔夫球员联合会。1916

年，一些商界高尔夫球手在美国纽约成立了"美国职业高尔夫球协会"（PGA）。随着高尔夫球运动的发展，一些球场和俱乐部在经营方式上的变化，使原来非营利的高尔夫球俱乐部向以经济实体和多种经营的方向发展。高尔夫球俱乐部开始雇用职业高尔夫球员管理俱乐部。因为职业高尔夫球员具有良好的高尔夫球技术，可以进行专业指导，而且他们经历过不同球场的高尔夫球比赛，对高尔夫球场的管理和球场设计建造具有一定的认识。正是从这一时期开始，高尔夫球俱乐部的经营向着营利性方向发展，高尔夫球俱乐部的管理也逐渐脱离了以往靠俱乐部会员管理俱乐部的模式，开始雇用职业球员参与俱乐部的管理。

（2）职业化的快速发展（20世纪中期）

进入20世纪之后，高尔夫球运动职业化程度不断深化，市场化、商业化特色不断凸显，尤其是20世纪中叶，经济的发展极大地刺激了竞技体育的职业化发展，使得更多的人积极参与体育活动。电视机的市场普及率大幅提高，为职业高尔夫球运动的发展奠定坚实的市场基础与发展契机。据有关资料调查，美国的电视机用户1946年为15 000户，1950年约400万户，1953年猛增到3 000万户。此阶段，美国高尔夫球运动员帕尔玛到达其职业鼎盛时期，且拥有良好的社会公众形象。美国职业高尔夫球协会想利用电视机在美国普及的基础，通过帕尔玛良好的公众形象，向全社会推广PGA巡回赛。时任美国总统艾森豪威尔得知这一想法的时候，大为赞赏，邀请帕尔玛来白宫草坪做客，并与帕尔玛进行了推杆技术的切磋，从此高尔夫球运动职业化进入快速发展期。

（3）职业化的规范发展（20世纪后期至今）

随着欧美职业高尔夫球运动管理组织的成立，职业高尔夫球比赛更趋规范和严谨，尤其是对职业球员参赛资格、获取奖金的条件、职业身份的界定等方面都有了严格的管理制度。职业高尔夫球协会不仅在职业球员竞赛组织方面发挥着主导作用，还在许多高校开设高尔夫球专业教育课程，以培养职业高尔夫球员和高尔夫球场专业管理人员，使学生掌握有关教学指导、营销管理、球场草坪管理与养护等方面的专业技能。同时，美国职业高尔夫球协会还举办各种短期培训和继续教育项目，有力地促进了职业高尔夫球运动的正规化发展。

职业高尔夫球运动的专门组织与管理机构，通常是指国家或地区职业高尔夫球运动社团组织（非政府机构）。非职业高尔夫球员要想获取职业高尔夫球员的资格，须参加国家或地区职业高尔夫球运动的专门管理机构所组织的考试，考试合格后，由国家职业或地区高尔夫球运动的管理机构授予职业高尔夫球员资格。职业高尔夫球员由高尔夫球协会或相关管理部门进行注册管理。比如：职业高尔夫球员每年必须参加由主管部门所规定的职业比赛场次，未达到规定比赛场次的球员将被注销职业高尔夫球员的资格。职业高尔夫球员可以报名参加国内外不同地区所组织的职业高尔夫球巡回赛、公开赛、锦标赛等赛事活动。但是，职业球员报名参加世界级职业高尔夫球巡回赛、锦标赛或公开赛，其报名资格必须符合比赛主办方对参赛球员的参赛资格要求。

### 三、我国高尔夫球运动的发展

我国高尔夫球运动经历了不同的发展变化，下面从球场、赛事、人口、教育和产业等方面阐述我国高尔夫球运动的发展。

#### （一）我国高尔夫球场的发展

19 世纪 20 年代，高尔夫球运动传入亚洲，1896 年传入中国，标志是中国上海高尔夫球俱乐部的成立。第二次世界大战之前，中国已经拥有 9 座高尔夫球场，其中有史可考的 4 座坐落于上海。另外中国丹东在 1910—1930 年也存在一个老球场，堪称中国北方最早的高尔夫球场。1984 年改革开放以后，新中国第一个高尔夫球场在广东省建成，是由霍英东、郑裕彤等出资创建的中山温泉高尔夫乡村俱乐部，这座球场的建成营业标志着我国现代高尔夫球运动的兴起。

随着我国经济飞速发展，高尔夫球运动越来越受到人们的重视和喜爱，不少地区纷纷新建高尔夫球场。根据朝向白皮书统计，2020 年年底我国有登记的高尔夫球场约 449 家，练习场数量已超过 1 000 家，其中约有将近100 家球场在广东、上海、北京等城市。

#### （二）我国高尔夫球赛事的发展

1985 年 5 月，经国家体育运动委员会批准，中国高尔夫球协会在北京成立。1993 年 3 月 16 日，中国高尔夫球协会出台《中国高尔夫球运动实行职业化制度的具体方案（草案）》，中国高尔夫球协会向国家体育运动委员会申请推行职业化。同年 7 月，中国高尔夫球运动实行职业化制度终于被认可。同年 10 月 12—15 日，我国第一次职业高尔夫球球员资格选拔赛在北京举行。1995 年，我国举办了沃尔沃中国巡回赛和沃尔沃中国公开赛，这是在我国举办的首个国际职业高尔夫球赛事。1998 年，中国高尔夫球协会加入世界高尔夫联合会。

中国高尔夫球协会（简称"中高协"）和国家体育总局有计划地开展了多项职业、业余的高尔夫球比赛，涵盖了国际、职业、业余、青少年等层次，建立了职业、业余和青少年的积分排名系统和双向选择的办赛模式。高尔夫球赛事的不断丰富也为我国高尔夫球职业球员提供了较好的成长环境，各地区各方面承办比赛的积极性空前提高。中高协创新推出"全国高尔夫球俱乐部联赛""中国女子职业巡回赛""中国男子职业巡回赛""业余系列赛""汇丰青少年系列赛"等赛事。这在推动项目普及、提高技术水平、增强项目凝聚力、引导促进训练、出人才出经验、提高管理水平、发挥协会在项目发展中的主体和主导作用等方面具有积极作用。

我国举办了许多大型高尔夫球赛事，如汇丰冠军赛、欧洲巡回赛、亚洲巡回赛。这些赛事的举办吸引了许多世界级球员，提高了我国高尔夫球运动的国际知名度和影响力，也为广大的高尔夫球迷提供了观赛的机会。同时，赞助商和广告商也开始看好高尔夫球赛事，投入更多的资金支持。这些资金的注入不仅提升了赛事的质量，还推动了高尔夫球事业的进一步发展。随着我国高尔夫球球员的实力不断提高，越来越多的中国高尔夫球员参加国际比赛，并在世界舞台上取得好成绩。

### （三）我国高尔夫球人口的发展

#### 1. 高尔夫球核心人口维持稳定

随着高尔夫球运动在我国的普及程度不断提高，越来越多的专业球员和教练涌现出来。高尔夫球运动从广东、上海、北京等城市开展并逐渐普及传播开来。我国优秀高尔夫球员张连伟受邀参加了 2004 年"美国名人赛"，这是我国高尔夫球员第一次参加大满贯赛，说明我国高尔夫球员已经开始走向世界。1995 年，第 41 届高尔夫球世界杯在观澜湖举行，这是我国第一个有电视直播的高尔夫球赛事。高尔夫球人口包括打球的人、练习场的人、看高尔夫球比赛的人和关注高尔夫球相关的新闻动态的群体，可以称作"泛高尔夫人群"。根据朝向白皮书的数据，2009 年，我国高尔夫球核心人口（每年打球 8 次以上的高尔夫球人口）达到 30 万人，2014 年达到 41

万人的规模。之后有所下滑，2017 年，我国高尔夫球核心人口为 38 万～39 万人。2019 年，我国高尔夫球人口数量在 95 万～105 万人，核心人口数量在 40 万～42 万人。总体来看，近年来，我国泛高尔夫人口增长缓慢，核心人口在 2014 年之前稳步增长，之后有所下滑，但基本保持稳定。近年来，我国高尔夫球人口和核心人口体量没有发生大的变化。

据调研数据显示，我国高尔夫球运动主要消费群体为男性，占比高达 80%，女性不足 20%。（调研数据包含自身调研以及同行之间的数据共享）在年龄分布方面，我国高尔夫球运动消费群体年龄段主要集中于 30～49 岁，以中年为主。其中，40～49 岁消费人数最多，占比达 40%；30～39 岁消费人数占比也接近 30%，二者合计占比接近 70%。根据调研和统计，高尔夫球用户的人口比例，与所在地区的球场数量及人均可支配收入呈正比，但部分旅游城市除外，如海南、云南以及东北的一些城市；这些旅游城市依靠旅游吸引大批热爱高尔夫球运动的游客，提高了当地从事高尔夫球运动人口数量。

**2. 青少年高尔夫球人口发展迅速**

随着高尔夫球运动的不断普及，尤其在 2016 年高尔夫球项目再次回归奥运会之后，高尔夫球运动在青少年中的认知度和热度也在不断上升。特别是从冯珊珊 2017 年登顶世界女子排第一，许多家长更加支持和鼓励孩子参与高尔夫球运动。但相对其他国家或运动项目而言，我国参与高尔夫球运动的青少年比率还是很低。近年来，我国大力开展高尔夫球运动进校园等活动，推动青少年高尔夫球运动的发展。根据大正高尔夫发布的《2017 年度青少年高尔夫数据报告》数据，2017 年，中国青少年高尔夫球员注册量达到 34 572 人；截至 2021 年底，青少年高尔夫球员注册量约达到 98 000 人，其中 2021 年共计注册了 20 026 人，较 2020 年的注册量增长了 77%。

2018 年 6 月 23 日，《青少年高尔夫球运动技能等级标准》考评员培训班在上海体育学院（今上海体育大学）正式启动，高尔夫球项目技术等级标准是由中高协授权、体教联盟认证、大正高尔夫 App 全权负责管理运营的。

随着我国青少年高尔夫球赛事数量和规模的发展，我国青少年高尔夫球赛事的形式也从单一化向多元化转变。诸如汇丰全国青少年高尔夫冠军赛、全国青少年高尔夫球锦标赛、全国青少年高尔夫球挑战赛、青少年高尔夫球巡回赛等，这些大型赛事的举办为青少年高尔夫球运动的发展提供了良好的平台。青少年高尔夫球赛事不仅有竞技对抗性的特点，还充满了趣味性、娱乐性和文化性，如比洞赛、比杆赛、四人两球赛等，这些赛事的开展极大地促进了高尔夫球项目在青少年人群中的推广。除此之外，我国还启动了青少年高尔夫球注册积分系统，使青少年高尔夫球运动员的成绩、积分、赛事参与等信息统一化、正规化、制度化。

## （四）我国高尔夫球教育的发展

改革开放后我国高尔夫球教育开始起步，20 世纪 90 年代中后期，随着我国计划经济向市场经济的转轨，为了满足国家和社会对日益增长的高尔夫球人才的需求，适应高尔夫球运动产业化的发展和对高层次管理人才的需要，一些院校开设了高尔夫球专业。深圳高等职业技术学院于 1995 年首次开设高尔夫球运动管理专业，1997 年，该校更名为深圳大学高尔夫学院，起初主要以专科教育为起点，到 2001 年，该校办学层次由专科升格为本科，高尔夫球运动开始进入本科教育。随后，许多院校相继开设了高尔夫球相关专业或专业方向。自 2016 年高尔夫球项目正式纳入高等院校体育单招后，高尔夫球单招录取人数不断增加，从 2016 年的 31 人增加到 2022 年的 80 人。开设高尔夫球项目单招录取的院校整体呈上升态势，从最初的 7 所到 2022 年的 14 所，整整翻了一倍。同时，招生院校类型也在不断扩大，2021 年两所师范类院校增设高尔夫单项，2022 年一所理工类院校也发布招生计划。以 2023 年第 9 届中国大学生高尔夫球锦标赛参赛院校为例，参与的学校有：深圳大学、中山大学、厦门大学、同济大学、华南理工大学、上海体育学院（今上海体育大学）、广州体育学院等 38 所院校。全国高等院校高尔夫球冠军赛作为国内最高级别的高校高尔夫赛事之一，截至 2023 年已成功举办了五届，赛事知名度和影响力也在不断提升，受到了社会各界的广泛赞誉。

中高协先后与英国 R&A、澳大利亚 PGA 合作，引进国际上最权威的裁判员、教练员培训体系，建立了较为完善的高尔夫球项目裁判员、教练员、职业球员的等级考试制度和晋级培训体系，使教育培训与使用管理有机地结合起来，为项目的可持续发展打下了良好的基础。通过与社会力量合作，创新专业人才培养模式，开拓了我国高尔夫球项目科学化、规范化、国际化培养专业人才的模式。

### （五）我国高尔夫球产业的发展

**1. 我国高尔夫球运动产业规模**

根据市场调研，中研普华产业研究院整理，2019 年我国高尔夫球运动市场规模为 98.3 亿元，2020 年受新冠疫情影响，国内市场规模下降至 86.5 亿元，2021 年我国高尔夫球运动市场规模回升至 94.1 亿元。

2020 年，由于国内旅游业受到重创，海南和云南的高尔夫球旅游人数大幅降低，海南和云南本地的高尔夫球人口数量较少，难以弥补这个缺口。尽管珠三角、长三角、京津冀等地区的高尔夫球市场受到的影响较小，但南部和东北等地区的球场大多数需要靠旅游带动，基本上都受到较为严重的影响，进而影响到整体高尔夫球市场的规模。随着我国经济持续增长、我国居民可支配收入的增加与高尔夫球运动的普及，我国高尔夫球运动市场规模超过 100 亿元指日可待。

国内球场的经营以半封闭经营为主，半封闭经营指高尔夫球场既接待会员及嘉宾，也接待散客（访客）、旅客和商业活动和团队赛事。有的球场因为和酒店投资巨大，平日使用率并不高，出于经营的需要，他们非常乐意承接赛事和旅客，在高尔夫球市场旺盛的地区，如北京、上海、广州、深圳等城市，半会员制球场在假日一般不承接赛事和旅客，他们的假日资源以服务会员为主。

我国高尔夫球运动产业蓬勃发展，高尔夫球运动产业链包括球杆、球、球车、球场设备等领域。我国高尔夫球运动产业已经形成了完整的产业链，涵盖设计、建设、管理、运营和销售等环节。同时，高尔夫球运动产业也为就业创造了大量机会，为经济发展作出了贡献。

**2. 我国高尔夫球运动产业发展趋势**

高尔夫球运动在我国的发展已经取得了长足的进步，而我国高尔夫球运动产业也正处于快速发展的阶段，主要表现为：大众化、年轻化、市场化、产业合作、装备国产化以及运动智能化六个方面。

（1）大众化趋势

大众化趋势是我国高尔夫球运动产业发展的重要方向之一。高尔夫球运动被认为是一项高端的运动，只有少数人能够接触到。随着我国经济的快速发展和人民生活水平的提高，越来越多的人开始接触和参与高尔夫球运动。室内高尔夫球俱乐部的数量不断增加，高尔夫球场也逐渐向城市和乡村扩展，使更多的人有机会体验这项运动的乐趣。

（2）年轻化趋势

年轻化趋势也是我国高尔夫球运动产业发展的重要特征之一。过去，高尔夫球运动被认为是一项适宜中老年人的运动，儿童青少年对其兴趣不大。然而，随着高尔夫球运动回归奥运会以及一些年轻球员的崛起，儿童青少年对高尔夫球的兴趣逐渐增强。越来越多的高尔夫球培训机构涌现出来，为儿童青少年提供了学习和发展的机会，使他们能够更好地参与到高尔夫球运动中。

（3）市场化趋势

市场化趋势也在推动我国高尔夫球运动产业的发展。高尔夫球运动产业已经从过去的政府主导转变为市场主导。越来越多的企业和投资者开始关注高尔夫球运动产业的商业价值，并投资高尔夫球设备和高尔夫球旅游等领域。同时，高尔夫球比赛也得到了更多的企业赞助和媒体关注，进一步推动了高尔夫球运动产业的市场化进程。

（4）产业合作趋势

产业合作趋势也在我国高尔夫球运动产业中得到了体现。高尔夫球运动产业链的各个环节开始加强合作，形成了一个相互依存、互利共赢的产业生态系统。高尔夫球场与酒店、旅游景区等进行合作，提供综合性的高尔夫球度假服务；高尔夫球设备制造商与高尔夫球场合作，推广和销售产品；高尔夫球培训机构与高尔夫球场合作，提供专业的培训服务。这种产业合作的趋势有助于提升整个高尔夫球产业的竞争力和发展水平。

（5）装备国产化趋势

装备国产化趋势也在我国高尔夫球运动产业中逐渐显现。过去，我国高尔夫球市场主要依赖进口设备，而现在越来越多的国内企业开始研发和生产高质量的高尔夫球设备。这不仅降低了成本，也提高了产品的竞争力。同时，国产高尔夫球设备的发展也推动了中国高尔夫球产业的自主创新能力的提升。

（6）运动智能化趋势

运动智能化趋势也在我国高尔夫球运动产业中得到了广泛应用。随着科技的不断进步，高尔夫球运动也开始引入智能化技术，如高尔夫球场的智能化管理系统、高尔夫球具的智能化设计等。这些智能化技术的应用不仅提升了高尔夫球运动的体验和安全性，也为高尔夫球运动产业的发展带来了新的机遇。

综上所述，我国高尔夫球运动产业正呈现出大众化、年轻化、市场化、产业合作、装备国产化以及运动智能化六个发展趋势。这些趋势不仅推动了高尔夫球运动产业的快速发展，也为更多的人提供了参与和享受高尔夫球运动的机会。高尔夫球作为一种休闲健身体育项目，仍然有较大的市场需求。高尔夫球运动的发展对于提高我国体育整体实力、促进体育产业发展具有重要现实意义。我国高尔夫球运动的发展应充分考虑我国国情，突破发展困境，实现健康有序发展。

## 四、高尔夫球运动与奥运会

### （一）高尔夫球运动的奥运历程

早在 1900 年举办的第二届巴黎奥运会上，高尔夫球运动就成为奥运会比赛项目。然而因为诸多原因，在 2016 年前，高尔夫球运动正式比赛在奥运会历史上只出现过两次（1900 年巴黎奥运会，1904 年圣路易斯奥运会）。1908 年、1916 年和 1996 年，曾计划安排高尔夫球运动作为奥运会比赛项目，1920 年高尔夫球运动被改为奥运会观赏项目。在 2009 年国际奥委会大会上，奥组委宣布高尔夫球运动项目将在 2016 年重返奥运会。

1900 年 11 月，高尔夫球运动在第二届奥运会首次作为竞赛项目出现。当时，比赛分男、女两组进行，男子组为 72 洞，女子组为 9 洞。男子组金牌由美国查尔斯·桑德斯（Charles Sands）获得，银牌和铜牌都由英国人获得；女子组金、银、铜牌均由美国选手获得，其中来自美国的玛格丽特·阿巴特（Magaret Abbott）获得金牌。1904 年第三届奥运会，高尔夫球运动再次与奥运会牵手。在这次比赛中，女子高尔夫球个人赛被取消，但增加了男子 10 人团体赛。在全部参赛者中，除了加拿大人乔治·里昂，其余都是美国人。出乎意料的是，当年的个人金牌得主恰恰是这名加拿大人。1908 年，奥运会来到了高尔夫球运动的故乡——英国。在筹备阶段，伦敦奥运会筹备委员会支持高尔夫球运动进奥运会。由于组织者在赛事规则、时间安排上的不合理，以及与在苏格兰圣安德鲁斯皇家古典高尔夫俱乐部之间的分歧，导致高尔夫球运动从奥运会上骤然消失。

1916 年柏林奥运会，高尔夫球界人士曾计划安排高尔夫球比赛项目进奥运会。1920 年高尔夫球运动重返奥运的呼声高涨，但最终未果。1936 年，重返呼声再起，但结果只是一场"后奥运高尔夫球比赛（Post Olympic）"在柏林举行。1996 年，亚特兰大奥委会主席比利·佩恩（Billy Payne）提出在奥古斯塔举行一场高尔夫球比赛，却遭到国际奥委会的否定。2004 年雅典奥运会，高尔夫球运动期望再度进军奥运会，结果还是无功而返。

2009 年，国际奥委会 121 次全体会议，在丹麦首都哥本哈根通过了 2016 年巴西里约热内卢夏季奥运会项目设置。在伦敦奥运会 26 个传统项目得以保留的同时，高尔夫球和 7 人制橄榄球在最后的投票中获得全会委员半数以上投票通过，顺利成为 2016 年和 2020 年夏季奥运会的正式比赛项目。时隔百余年，高尔夫球运动重新成为现代夏季奥运会的比赛项目。

## （二）中国高尔夫球员与 2016 年里约热内卢奥运会

高尔夫球运动重返奥运大家庭后，2012 年 11 月 3 日，中国男子高尔夫球国家队奥运之队正式宣告成立。在 2016 年里约热内卢奥运会上，共有来自世界各国和地区的 120 名高尔夫球选手（60 名男子，60 名女子）参赛。中国高尔夫球队队员共 4 人，他们是：冯珊珊、林希妤、李昊桐、吴阿顺。冯珊珊以 274 杆（70—67—68—69）低于标准杆 10 杆完成比赛，斩获个人女子铜牌，这是中国历史上第一块奥运会高尔夫球项目奖牌。林希妤在第三轮比赛中，打出一杆进洞，这是高尔夫球女子选手在奥运会比赛上的首个一杆进洞。

## 第二节 高尔夫球运动的特点与价值

高尔夫球运动的英文是"GOLF"，其含义是"绿色（Green）、氧气（Oxygen）、阳光（Light）和友谊（Friendship）"，高尔夫球运动把享受大自然乐趣、体育锻炼和游戏乐趣集于一身。高尔夫球运动不仅是男女老少皆可参与的运动，而且无论新手还是老将，都可利用其独创的差点计分法同场竞技、自我竞技，体现了这项运动的大众性和公平性。参与高尔夫球运动不仅能增进身心健康，而且能够陶冶情操。

### 一、高尔夫球运动的特点

高尔夫球运动是一项非常让人着迷的运动，一旦你全身心投入其中，就可以很快发现它独特的魅力和特点。

## （一）球员自备运动装备，人与自然和谐相处

高尔夫球运动要求每一位球员都要使用自己的运动装备，球员在比赛时用自己的球杆将球打进洞中，比赛中没有直接对抗，所以我们可以将高尔夫球运动视为自己与自己的较量。即使是高尔夫球竞赛，其比赛的目的也不是为了单纯战胜对手。高尔夫球竞赛规则明确规定，轮到自己击球前，球员要保持充分的耐心；在其他球员击球时，不可以干扰他人击球。

打高尔夫球时，置身于大自然中，可以闻到树林、草地和泥土的气息，有时甚至会有动物出现在你的眼前。打高尔夫球可以培养球员的环保意识，当挥杆损害了球场的草坪，要及时做一些修复工作，以保护草坪。因此，高尔夫球运动可以培养人爱护大自然的责任心，使人与自然和谐相处。

## （二）比赛策略多样，讲究诚信自律

从高尔夫球比赛的策略来看，球员在击球时不仅要考虑天气、地形、环境等自然因素，还要调整好自己的心理状态。球员根据赛场具体情况选择比赛策略，是稳扎稳打，还是冒险进攻。如何抉择最佳方案是高尔夫球比赛的关键所在。高尔夫球运动的战术和策略丰富，球员在比赛时想要取得优异成绩，就一定要保持头脑冷静，采取最佳策略。

高尔夫球运动精神体现在诚信、自律、为他人着想。在高尔夫球比赛中球员要时刻谨记"诚信"这一重要品格，不得在赛场上出现任何不端行为。球员如果作弊，将会直接取消比赛资格。球员要认真学习高尔夫球运动规则，遵守高尔夫球运动礼仪。高尔夫球运动所追求的是强身健体、愉悦身心，不用过分看重比赛结果。球员在比赛中获得好成绩时也应保持谦虚的态度，成绩不理想时也要不急不躁，不可以迁怒于他人。

## （三）特有差点系统，适宜人群广泛

高尔夫球运动有一套特有的球员成绩记录制度，即差点系统，它能够使不同水平的人同场打球，使得所有参赛者有着相同的机会。差点系统的不断完善是高尔夫球运动追求公平的结果。另外，球员不仅能与他人进行竞争，也可以同自己竞技，挑战自我，提高自我。

高尔夫球运动受年龄、性别以及身体素质的限制较小，从孩童到老人

都可以参加，既可以结伴对抗，也可以单人休闲。由于高尔夫球运动本身是"亦动亦静"的运动，因而并不是很激烈，球员可以根据自己的身体情况调整打球的节奏与强度，可以有效防止出现运动损伤。

### （四）愉悦身心，增进交流

在蓝天白云下，与大自然亲密接触，感受大自然，这正是高尔夫球运动的魅力。各高尔夫球场通常风格迥异，自然风光也不一样。在青山、绿草、阳光下挥杆击球，沟通交流，非常惬意。对于当今快节奏的生活，与好友打上一场高尔夫球，能缓解疲劳，愉悦身心，增进交流。

## 二、高尔夫球运动的价值

### （一）高尔夫球运动的锻炼价值

高尔夫球运动是一项身心并健的休闲户外运动，步行贯穿高尔夫球运动的始终，而且步行对人体健康水平的维系又有积极作用。在高尔夫球运动中，步行走完整个球场得花费 3~5 个小时，行走 5~8 千米。有关测试表明，高尔夫球在空中飞行的速度可达每小时 200 多千米，这对击球瞬间力量的爆发要求非常高。同时，高尔夫球场的每一洞设计都具有特点和难度，而在以最少的杆数击球入洞的基本原则下，球员应充分考虑各方面因素，提高每一杆的击球效率。

#### 1. 对心理健康的帮助

随着社会的发展，生活方式的变化以及生活节奏的加快，人容易产生焦虑等不良情绪。有研究表明，接近自然环境对心理健康有积极的影响。

高尔夫球场以绿草、阳光、空气、水为主，空气中含氧量较高，球场环境宁静而新鲜，宜人的风景和无边的绿色会刺激大脑神经，使大脑皮质产生变化，这种变化可以缓解情绪压力，带来喜悦的心情。这也是越来越多的人选择高尔夫球运动作为休闲娱乐方式的主要原因之一。

#### 2. 改善呼吸系统、消化系统的功能

高尔夫球运动是融入自然最为充分的体育项目之一，而现在的人们越来越崇尚回归自然。90% 的高尔夫球场建设在远离市区的郊外，球场绿化树木、草皮面积通常在 97% 以上，是有效的空气"净化器"，有"天然氧吧"之称。高尔夫球场通常依景而建，发球台前水波碧绿，球道两边树木郁郁

葱葱，这样的环境让人心旷神怡。在"天然氧吧"中运动，可以进一步促进氧气的吸入和二氧化碳的排出，减少肺泡刺激，有效改善呼吸系统功能。

高尔夫球运动是有氧运动，通过有氧运动可以促进新陈代谢，改善肠胃的消化吸收能力，尤其是对糖类物质的消耗，可以增强人体全身组织对胰岛素的敏感性，改善糖代谢紊乱。

### 3. 改善身体素质

高尔夫球运动挥杆击球动作流畅，表现出机体协调性、柔韧性和力量爆发的整体效应。挥杆击球动作可以用"圆"来描绘整个挥杆轨迹，其以身体脊柱为轴，挥杆画圆的过程对整个身体的协调性和各关节、肌肉之间的配合要求比较高，包括对踝关节、膝关节、髋关节以及腰部、肩部、双臂、手腕等部位的要求。全身必须精准的释放，高效的配合，才能在击球瞬间击出中甜点，打出理想的飞行弹道。挥杆击球的过程需要一个协调的力的传导，以身体脊柱为轴的力的传导过程是：踝关节—膝关节—髋关节—腰部—肩部—双臂—手腕带动杆身。下杆是骨盆带动肩部画一个半圆的过程，杆头到达底部，在击球瞬间，力量传递到杆头。击球瞬间是力量爆发的一个点，击球瞬间给球最大的加速度。在挥杆击球过程中，既锻炼了腿部、臀部、腰部等各部位肌肉的力量，又能够提高肌肉的弹性和抵抗力，减少运动损伤，还能有助于矫正不良的身体姿势。

## （二）高尔夫球运动的经济价值

随着经济的发展和人们生活水平的不断提高，崇尚休闲运动的人越来越多，爱好高尔夫球运动的人也大量涌现。调查资料表明，目前高尔夫球俱乐部的入会消费人群每年以 10% 的比例增长，而我国高尔夫球运动消费人群已突破 100 万人，带动了高尔夫球运动相关产业的发展。高尔夫球运动作为一个新兴文化和经济现象，影响着人的生活质量和行为方式，影响着社会生产关系和产业结构，这是人类社会发展的新特征。高尔夫球运动经过几百年的历史发展，是全球体育产业中的一员。不管从体育运动的角度，还是从休闲娱乐的角度来分析，高尔夫球运动的发展都体现了产业性和经营性的特点，已迅速成为新兴的社会产业，对经济社会的发展起着重要作用。

### 1. 拉动体育用品的需求与消费，带动高尔夫球用具等制造行业的发展

随着全球经济的快速发展及人们生活水平的提高，高尔夫球运动成为

人们休闲生活中的一项内容，人们不但对高尔夫球用品的需求量大幅增加，而且对产品的质量要求也越来越高。20世纪70年代以后，高尔夫球运动产品以高尔夫球场为核心，扩展到高尔夫球运动器械、服装及与其相关的用品，高尔夫球场设计建造及其工程设备，草坪种植、维护、保养、排水、喷灌等工程和机械与材料的生产制作，市场营销等，已形成一个"高尔夫球运动经济链"。

高尔夫球运动生产制造业的发展突飞猛进，而我国以得天独厚的轻工制造业优势成为高尔夫球具、球服、球鞋等用品的国际生产、加工、制造基地。国外许多高尔夫球用具品牌纷纷在我国兴建生产基地或来料加工。

**2. 提升城市形象，推动旅游业的发展**

高尔夫球旅游是提升城市形象的"扬声器"。一座特色鲜明的高尔夫球场是一个城市的"名片"。高尔夫球旅游是当今旅游的新时尚之一，它充分反映了旅游活动综合效益和旅游产业的关联作用，丰富了旅游活动的内容并促进城市高质量发展，带动了区域旅游产业向自然、健康以及社会和经济协调发展模式转化，增强了旅游业发展的动力和潜力。高尔夫球场是很好的旅游资源，高尔夫球旅游对航空运输业、酒店、娱乐业的拉动作用十分明显。目前，我国云南、海南、青岛、威海、大连等地的俱乐部已成为高尔夫球运动爱好者常来常往的"热土"，深圳市13家俱乐部曾全年接待旅游打球人次近百万。高尔夫球旅游集运动与休闲一体，是人文与自然共存的崭新体验过程，成为具有巨大经济潜力的开发项目。高尔夫球运动的发展带动了地区旅游业的发展。随着高尔夫球运动逐渐大众化，它逐渐成为海南省旅游休闲的新热点。海南省把高尔夫球运动列为其旅游业主打产品之一，高尔夫球运动产业在海南已形成一定的规模。各类国内、国际高尔夫球赛事的举办，各种具有海南特色的高尔夫球旅游产品的开发，吸引了许多高尔夫球运动爱好者和旅游观光客。近些年来，海南的高尔夫球场每年接待打球的人数高达20万人次，高尔夫球已成为与旅游业紧密结合的一项产业。"冬季到海南打高尔夫球"，对我国北方地区及日本、韩国、北欧、东欧等国家与地区的高尔夫球运动爱好者来说有极大的吸引力。高尔夫球运动的加持，增加了营业收入，有效拉动当地旅游、餐饮等周边经济的发展，对第三产业的促进作用十分明显，成为旅游业一个新的经济增长点。

**3. 带动建筑、设计、园林等行业的发展**

高尔夫球场主要由会所、球场、练习场及一些附属设施组成，一般建在丘陵地带的开阔缓坡地上，占地视球洞的多少而异。建设一座标准18洞球场，需占土地800~1 200亩，费用一般包括会所建设费、球场建设费、球场维护费等方面。建设球场需要建筑施工、规划设计、园林绿化等行业的加入。同时，高尔夫球运动的开展可以带动房地产的发展。从国外情况来看，高尔夫球场与房地产建设的关联度在95%以上。目前，我国不少商业高尔夫球场内会兴建球场别墅，这样高尔夫球场和别墅形成相辅相成的关系。依靠高尔夫球场的品牌优势发展房地产有许多优势。高尔夫球俱乐部如同一座公园，生态良好。随着生活水平的提高，人们开始追求更高品质的生活质量，注重家居环境。高尔夫球场附近区域商业价值的提升和其优美宁静的环境成了房地产商争夺的热点。一些房地产商围绕球场开发精品住宅，推出高尔夫花园、高尔夫别墅、高尔夫公寓，经济效益明显。高尔夫球场周边的房地产凭借其良好的生态环境，以及打高尔夫球的便利，受到许多高尔夫球爱好者的青睐。

**4. 改善城市环境**

随着我国经济的发展和人民生活水平的提高，追求生活质量，建设环保、生态良好的城市成为各地管理者的共识。研究表明，在城市中，高尔夫球场附近的空气质量明显优于其他地段。高尔夫球场以优美的环境、清新的空气成为城市空气净化器，被喻为"都市之肺""天然氧吧"。高尔夫球俱乐部的生态优化作用逐步扩大，如可以利用高尔夫球场来改造、绿化在城镇化和商业化过程中被污染或废弃的不可利用土地，如城郊的垃圾场，矿业开采等造成的塌陷地、退化地等。高尔夫球运动的发展也为进一步优化城市环境、改善城市环境起到了重要作用。

### 实训与思考

1. 分析高尔夫球运动各种起源说的依据。

2. 从球场、赛事、人口、教育、产业等方面举例说明我国高尔夫球运动发展成效。

3. 高尔夫球运动的特点有哪些？

4. 举例说明高尔夫球运动的锻炼价值和经济价值。

# 第二章

## 高尔夫球场与运动装备

### 本章导言

　　高尔夫球场是设计者对草地、湖泊、沙地和树木等自然景观进行精心设计，且巧妙地运用地形构造建成的开展高尔夫球运动的场所。本章主要阐述高尔夫球场的构成、类型以及高尔夫球运动装备。

### 学习目标

　　1. 熟悉高尔夫球场的构成和类型。
　　2. 熟悉高尔夫球、球杆等其他高尔夫球装备。
　　3. 培养学生选择高尔夫球装备的能力。

## 第一节 高尔夫球场

高尔夫球场是以草地、湖泊、沙地和树木等自然景物为主，经球场设计者的精心设计，创造展现在人们面前的艺术品。其占地广阔，风格各异，自然景观与现代化建筑融合为一体。由于高尔夫球场是依据原场地形、地貌而设计建造的，因此，世界上几乎不存在完全相同的高尔夫球场。

### 一、高尔夫球场的构成

最初，关于高尔夫球场上球洞的个数没有标准，5~25 个洞不等。圣安德鲁斯球场最初有 11 个洞，都靠近海岸边，一个挨着一个。沿着 11 个洞打过去之后，为了返回起点，就再次反方向沿每个洞打回来，这样就有了 22 个洞。直到 18 世纪末，这种同一果岭上相同洞的反方向打法一直都在进行，最后由于打球人数太多，不得不修建了平行果岭和双层果岭。

1764 年，圣安德鲁斯高尔夫球员协会（即后来的圣安德鲁斯高尔夫球俱乐部）决定把开始的 4 个洞和另外的 2 个洞合并，从而将球洞减少到 18 个。19 世纪，圣安德鲁斯高尔夫球俱乐部取得高尔夫球运动领导权之后，18 洞就成为被统一认可的规则。

到 19 世纪后期，高尔夫球洞就按打球路径来设置，基本上不涉及建造工作。高尔夫球运动一直在天然的地形上进行。排水优越，浓密的硬质草林克斯地为高尔夫球运动提供了理想的打球条件。

现代高尔夫球场的面积为 50 万~80 万平方米，高尔夫球场总长度为 6 500~7 200 码[①]，设有 18 个球洞。每个球洞由发球区、罚杆区、沙坑、推杆果岭和普通区等组成，每个球洞中还根据情况设置长草区、树木、水塘、沙坑等障碍物。在每个推杆果岭上都掘有直径约为 4.25 英寸[②]、深为 4 英寸的球洞，每个洞之间的距离为 100~600 码。球洞的标准杆数分为三杆洞、四杆洞和五杆洞三种。一个标准的 18 洞高尔夫球场包括 4 个三杆洞、4 个五杆洞和 10 个四杆洞，每个球洞都有较为严格的距离标准（表 2-1）。

---

① 1 码 ≈ 0.914 4 米。

② 1 英寸 ≈ 2.54 厘米。

▶ 表 2-1　球场标准杆等级范围

| 标准杆数 | 球道长度 / 码 | |
| --- | --- | --- |
| | 男子 | 女子 |
| 三杆洞 | ≤ 250 | ≤ 210 |
| 四杆洞 | 251～470 | 211～400 |
| 五杆洞 | ＞ 471 | 401～575 |
| 六杆洞 | | ＞ 576 |

## （一）发球区

发球区是每个洞打球的起点和开球的草坪区域，是一个纵深为两个球杆长度的长方形区域（图 2-1）。开球时将一支球座安插在平整的草坪上的指定位置，然后把高尔夫球放在球座上，之后用球杆将球击出。

图 2-1　发球区

单个发球区的面积一般为 100～400 平方米，其面积要根据打球人数、球场使用强度来具体确定。发球区两侧设置有开球标记物，用以限定开球区两侧和前缘的边界。发球区高度比四周地形高 10～40 英寸，发球区的标准是向正前方能看得见击出的球落在球道上的范围，击球时能看到推杆果岭方向的位置。

现代高尔夫球场发球区的形状和造型更加灵活并多样化，主要形状有长方形、半圆形、S 形、U 形、L 形、台阶式以及其他一些不规则的自由式。发球区上设有两个球标记，相距 5 码左右。每个发球区应根据实地球道长度的测量结果埋设一个永久距离标志，作为测定球道的长度标准。该永久标志经过球道中心线到达推杆果岭中心点的长度，为球道的准确长度。永久距离标志一般埋设在发球区一侧的中间位置上。

发球区上通常还设有一些其他的附属设施，如球道标志牌、洗球器、垃圾筒、板凳、擦鞋器等。球道标志牌是一个石制、木制或其他材料做成的牌子，上面通常刻有球洞的序号、球洞长度、球洞杆数和该洞在整个球场中的难度序号。有些球场的标志牌还刻有该球洞的平面图案，供球员决定该洞的打球战略。洗球器是供球手洗球的用具，其上备有毛巾，供球员擦球。洗球器一般每隔一个洞设一个。板凳是供球员在等待开球时休息使用，一般为原木制造，适于户外放置。擦鞋器可供球员擦掉粘在球鞋上的草末和泥土。

## （二）罚杆区

罚杆区是球场上的任何水域（无论是否被委员会标记），包括海、湖、池塘、河、沟渠、地表排水沟或其他公开水域（即使其中没有水）以及任何其他被委员会标定为罚杆区的球场部分（图2-2）。

图2-2 罚杆区

罚杆区一般分为黄色罚杆区和红色罚杆区。黄色罚杆区的界线用黄色桩和黄线标明，红色罚杆区则以红色桩和红色线标示。

## （三）沙坑

沙坑是一个经过特别整理的、由沙子构成的区域（图2-3）。该区域多呈凹状，经去除草皮或泥土而建成。沙坑是四周被草坪围绕、中间被沙子覆盖的凹陷地。沙坑是球场障碍的一个主要组成部分，是组成打球战略的一个重要因素。沙坑可设置在普通区的任何部分，通常设于推杆果岭附近。

图 2-3 沙坑

沙坑的作用有以下五个方面：第一，作为障碍物，构成每个洞击球策略的一个部分；第二，惩罚球员的过失击球；第三，作为指示球员打球方向和球车行走路线的标志物；第四，增加球道安全性，防止打到下一洞发球区上面而伤及球员；第五，美化球场，增加球场景观效果。

根据沙坑所处位置的不同，可以将沙坑分为球道沙坑和推杆果岭沙坑。球道沙坑布置在球道两侧或中间，大部分都布置在落球区附近；推杆果岭沙坑布置在推杆果岭四周，用于护卫推杆果岭，增加打球的难度。沙坑的面积变化很大，可以从几十平方米到几千平方米，没有一个固定的要求，一般沙坑的面积为 150~400 平方米。

沙坑的形状变化较多，没有一个固定的形式，大体上可以分为锅底形、线虫形、自由形等。沙坑的形状取决于周边造型、沙坑位置以及设计风格等。沙坑也是最能体现设计师设计风格的主要景观元素之一。一个 18 洞的高尔夫球场应设多少沙坑，没有严格的规定，主要取决于设计师的设计意图、球场投入的建造费用和管理费用等，一般以 40~70 个比较适宜。沙坑数量不宜太多，以免增加球场的建造和管理费用。

### （四）推杆果岭

推杆果岭形状多种多样，一般有岛形推杆果岭、炮台式推杆果岭、梯田式推杆果岭、椅状推杆果岭、邮票状推杆果岭。一般来讲，一个球洞设一个果岭，也有的球场在一个洞上设两个推杆果岭，称为双推杆果岭系统。

这种双推杆果岭系统有两季推杆果岭、替换推杆果岭、双倍推杆果岭、双推杆果岭四种形式。

推杆果岭是球员正式比赛球洞的一片区域，该区域专为推击准备，或被委员会标定为推杆果岭。推杆果岭是每一个洞设置球洞和置洞杯的一块特殊的草坪区域，是经过精心雕琢的短草草坪（图2-4）。推杆果岭面积为500~700平方米，一个18洞标准球场的推杆果岭面积一般为9 000~12 000平方米。推杆果岭上设有球洞，球洞中有一个供球落入的金属或塑料杯，杯的直径为4.25英寸（10.8厘米），深为4英寸（10.2厘米），杯内插有一面指示推杆果岭位置的旗杆，在旗子上标有每个洞的序号，能为远离推杆果岭的球员指明方位。

图2-4　推杆果岭

旗杆是一种设置在球洞中心的带旗帜、可移动的杆，其横切面应为圆形，直径不超过1.9厘米，旗杆高度一般为1.8~2.5米。旗杆常涂有颜色。旗子的颜色一般都比较显眼，常常是黄色或红色等，以便与草坪的绿色背景形成强烈反差，易被发现。

## （五）普通区

普通区是除以下四种规则划分的球场区域之外的所有球场部分：（1）球员开始各比赛球洞时必须从其中打球的发球区；（2）所有的罚杆区；（3）所有的沙坑；（4）球员正式比赛球洞的推杆果岭。

普通区是球场中面积最大的部分，由适合打球的草坪区域和周边的灌木、树林以及人为设计的景观组成。普通区的设计与整个球场设计风格一致，体现该球洞特色，从发球区到推杆果岭的长度为该球洞的距离，以米或码为单位。球洞长度因标准杆数的不同而不同，标准 18 洞球场的球洞总长度为 6 500~7 200 码。普通区打球宽度不等，通常为 36~120 码，比较普遍的是 45 码。该区域可利用灌木、树林、人工景观以及球洞走向来增加球手打球的难度，提高挑战性。

## 二、高尔夫球场的类型

由于投资种类、球场风格和功能以及服务对象的不同，根据不同的评价标准，可以将高尔夫球场划分为不同的类型。

拓展阅读：
中国著名的
高尔夫球场

### （一）按球场长度和杆数分类

#### 1. 标准球场

标准球场有 18 个洞，标准杆数为 72 杆。以 18 洞作为标准球场，源于圣安德鲁斯高尔夫球俱乐部。1764 年，圣安德鲁斯高尔夫球俱乐部在制定高尔夫球竞赛规则时，将原来的 22 个洞减少为 18 个洞，并在圣安德鲁斯球场首先实施。标准 18 洞 72 杆球场总长度在 6 500 码以上。某些标准球场经评定符合进行国际比赛要求的，亦称为锦标赛球场。

#### 2. 非标准球场

非标准球场为不足 18 个洞或总杆数低于 68 杆、球道长度较短的球场，主要有商务球场、3 杆洞球场、小型球场和 9 洞球场等形式。这些球场主要是为了适应不同高尔夫球爱好者的需求而建造的，如为满足时间不充裕的球手打球和观光、培训等而设计建造的非标准高尔夫球场。

### （二）按球场利用目的分类

#### 1. 比赛型球场

比赛型球场要满足国际大型比赛如巡回赛、锦标赛的要求，能够充分测试不同水平球员的能力和水平。这类球场必须是标准球场。

#### 2. 观光娱乐型球场

观光娱乐型球场不仅可以进行高尔夫球运动，还具有旅游、度假、观光等功能。这类球场在设计与建造上注重景观效果，以吸引游人来此度假、打球。球场本身在设计难度上较比赛型球场小，主要以打球的娱乐性为主，球场一般易于养护和管理。

### （三）按球场的产权和服务对象分类

#### 1. 大众化私有球场

大众化私有球场产权属于个人或公司所有，向大众开放使用，是一种以营利为目的的球场。球场通过发售会员证和日常营业来收回建造成本和营利，管理上较严格，收费也比较高。

#### 2. 乡村俱乐部球场

乡村俱乐部球场由当地政府或公司投资建设，因坐落在城市近郊而得名，俱乐部成员有组织有规律地来此参加活动。每到周末或假期，其成员会携家人一起到郊外参加高尔夫球、游泳、骑马、网球、野餐等活动。这种乡村俱乐部通过为人们提供运动、娱乐、社交的场所而营利。

#### 3. 公共球场

公共球场是由当地政府投资建造的，主要目的是向大众提供一个健身、娱乐和参与高尔夫球运动的公共设施场所，不发售会员证。

#### 4. 私人俱乐部球场

私人俱乐部球场是私人投资的球场。这类球场为极少数成员规划、设计并运营，并由这些成员共同负担管理。私人俱乐部球场一般不对外开放，仅供球场会员和连锁球场会员使用。

#### 5. 私人球场

私人球场一般为家族或私人所拥有，球场不对外营业，也不发售会员证，只供邀请来宾和家族人员打球使用。

### （四）按高尔夫球场的地形分类

#### 1. 山地球场

山地球场是以山地环境为主体特征的球场（图 2-5）。山地球场因为能显示出山势，所以在众多类型的球场中最具壮丽之姿。优美的自然环境以及起伏变化的地形是它的特色。因起伏大且突兀，所以球的落点会随时改变，对球员击球的准确性要求很高。同时，山地球场因为地势的起伏而形成差异很大的小气候环境，使得球场的保养工作存在不小的挑战。这类球场设计上通常将球道布置在山谷和半山腰的缓坡地带，各个球洞围绕着一个或几个山头往返布置，相互勾连，形成一体。

图 2-5 山地球场

### 2. 海边球场

海边球场，即林克斯球场（图 2-6）。林克斯（links，link 就是连接的意思）原指苏格兰海边的区域，即从大海向农田过渡的区域。英国高尔夫博物馆认为：林克斯是指一侧临海，一侧为内陆耕地，形状狭长的球场。总的来说，林克斯球场的特点是：一般位于有沙滩的海滨，场地开阔，波状起伏的球道；小而深的沙坑；球道大多是羊茅草坪；水障碍大体以小沟、小河为主，海风强劲等。在这里，设计师要做的是尊重地形地貌，顺势而为，成就经典。

图 2-6 海边球场

### 3. 森林球场

森林球场（图 2-7）除去一片片平野，全被树林包围。球场土质极佳，草坪生长好，春秋季节景色最为迷人，地形变化较少，能够为球员提供互不干扰的打球环境。森林球场的特点有：树高更显路窄，推杆果岭起伏叠叠，水障碍贯穿全场，推杆果岭前沙坑重重。森林球场中树木居多，设计师一般会根据球场当地的优势树种搭配出独具新意的球道风格。

图 2-7　森林球场

### 4. 河川球场

河川球场（图 2-8）地势平坦，沿河道或人工湖布局，缺少地形及风向变化，但有足够的距离，球道较宽且无树木遮掩。设计上要力图使流畅、自然、优美曲线的湖泊相互贯通，配合匠心独运的石桥或木桥，点缀湖边的亲水植物景观，营造出温润柔和的球场特质。

图 2-8　河川球场

### 5. 平原球场

平原球场（图 2-9）地势较为平坦，球场景观容易趋于平淡，对设计师的要求会更高。想要做到既崇尚自然又富挑战性，既要注重水丘湖泊与球道推杆果岭之间的和谐美，又要难易兼备，变化丰富。设计师一般会根据实际情况对地形进行必要的改造，营造起伏的微地形，满足大于3%的排水要求，同时以丰富多彩的植物种植设计和变化多端的发球区、推杆果岭及各种障碍的设计，弥补地形上的不足。

图2-9　平原球场

### 6. 丘陵球场

丘陵球场（图2-10）依山傍水，地形起伏自然多变，既可表现河川球场平坦轻松的风格，又能尽情描绘山陵林间的起伏跌宕，而且因其不像山地球场的倾斜度那么大，因而既充满挑战又安全舒适。在设计时一般不会对现状地形做大的改动，而是因地制宜、因势利导。在进行球道的路线和走向布置时充分利用原地形，对确实妨碍打球的局部稍加改造后，即可取得理想的效果。

图2-10　丘陵球场

### 7. 沙漠球场

沙漠球场（图2-11）位于沙漠地带，地形起伏较小，较为平坦，沙漠球场的特点是：干旱缺水，草坪面积较小，沙丘景观较多。起伏的沙丘可以保留在高草区内，代替植物作为障碍，同时可使球场形成强烈的景观个性特征。

图 2-11　沙漠球场

## （五）其他类型高尔夫球场

除上述球场类型以外，还有以下几种高尔夫球场：

### 1. "凯曼"高尔夫球场

"凯曼"高尔夫球场因起源于英国凯曼岛而得名，这种球场所用的球较一般球轻，飞行距离仅为标准高尔夫球的一半，球场长度仅相当于标准球场的一半长度，球道的宽度也较标准球场窄。这种球场可以大大减少球场用地。由于球的飞行距离缩短，球偏离正确方向的距离也会缩短，故危险性较小。

### 2. 高尔夫球练习场

高尔夫球练习场一般被金属网罩住，以防止高尔夫球打出练习场外。高尔夫球爱好者可以在练习场上随心所欲地挥杆练习打球。练习场一般长度为 270～350 米，宽度为 90～180 米，总面积为 2.8 万～5.7 万平方米。练习场的表面一般相对水平，保持 1%～3% 的倾斜度，以利于地表多余水分的迅速排出和重新找到高尔夫球。练习场为能容纳多人同时练球，把开球草坪向两边延长并呈凹形弧面，这样几人甚至几十人可以同时挥杆击球且互不干扰。也有些练习场建有几层凹形面开球草坪，可供上百人同时挥杆击球。

### 3. 微型高尔夫球场

微型高尔夫球场（图 2-12）使用正规的高尔夫球杆和球，在微型高尔夫球场进行活动是当代新型康乐健身活动之一。微型高尔夫球场在美国、英国以及澳大利亚等国家和地区较为普及。20 世纪 80 年代后期以来，我国北京、天津、上海、广州、苏州等城市开始建立微型高尔夫球场，一些宾馆建立较早，此后有的娱乐场所和体育场馆也陆续兴建。

图 2-12　微型高尔夫球场

微型高尔夫球场占地面积较少，而且可以利用平地、屋顶平台建造。特别小型面积约 300 平方米，普通小型面积 600~1 000 平方米，若土地富余，可建成面积为 6 000~10 000 平方米的普及型高尔夫球场。总之，这类高尔夫球场的场地面积可大可小，可根据具体条件来决定。以占地面积 1 000 平方米为例，设计时可考虑以 9 洞为宜，长洞、中洞和短洞各 3 个；或者长洞 3 个，中洞 2 个，短洞 4 个。长度为长洞 16 码，中洞 9 码，短洞 5 码，宽度多数为 1.0~1.2 码，少数地形起伏处可放宽到 1.8~2.0 码。球道可设置木制、石条或土丘等阻碍物，球洞周围可设小型沙抗或卵石坑，以增加进洞的难度，增添推杆的乐趣。

**4. 高尔夫球模拟系统**

高尔夫球模拟系统是利用电脑模拟高尔夫球运动，使球员感觉置身于高尔夫球运动的环境之中，享受其中的乐趣。凡约有 100 平方米的室内空间均可设置高尔夫球模拟系统。此种设备便于移动，易于安装，可带给室内田园景色，增强室内环境的空间感、自然感和美感。同时，高尔夫球模拟系统采用计算机软件控制，可使室内高尔夫球训练科学化，手段多样化，培养球员兴趣。

## 第二节　高尔夫球运动相关装备

高尔夫球运动的相关装备主要有球、球杆、球杆袋（球包）、球座、手拉车、手套、球鞋、标记、修叉、杆头套以及高尔夫球运动配套辅助性器材等。

### 一、高尔夫球

#### （一）高尔夫球的演变

14—17 世纪的高尔夫球多为木质高尔夫球，其由如山毛榉或黄杨树根等硬木打磨圆滑而成。羽毛球制从 14 世纪或 16 世纪末开始，一直应用到 19 世纪 50 年代。在高尔夫球运动的启蒙阶段，一直使用的是羽毛制球（feathery ball）即外包皮革、内充鹅毛的高尔夫球。羽毛制球虽然柔软，但不耐用且造价贵，使用时受天气影响大且大小重量不一，工匠会把名字和球的重量标注在球上。1844 年，出现了较具稳定飞行距离的杜仲胶球，这种球的原料是从马来西亚的一种树木中提炼的。1848 年，圣安德鲁斯的亚当·佩特森引入了古塔胶球。这种球是将生长在热带的古塔波树的汁液制成胶状液体，再将这种液体加热塑成高尔夫球。这个发明对高尔夫球运动的传播具有重要贡献。古塔胶球的优点是结实耐用，成本低廉，制作工艺简单，易于大批量生产，售价也使人们易于接受。不久，人们又发现把球面制成凹凸状，或加上纹路，可提高球在空中的气体动力，这是高尔夫球表面出现凹凸的开始。这种球为雕文古塔胶球，其由古塔胶制成。

1900 年，一种适用于不同水平高尔夫球员的哈斯克尔橡胶核球很快取代了雕文古塔胶球。这种球的表层也是以古塔胶制成，不同的是，其内核为缠绕的橡胶核心，这能使球飞行得更远，而且更加坚实耐用。1902 年，在英格兰霍伊莱克举办的全英公开赛上，桑迪·赫德在 72 洞比赛中使用哈斯克尔球，进一步提高了哈斯克尔球的知名度和认可度。

#### （二）高尔夫球的结构

高尔夫球为质地坚硬、富有弹性的实心小白球，是采用橡胶材料作为球心，经过多种工艺制成的弹性更好、飞行距离更远的球。白色的橡胶球表面均匀地布满凹洞，以利于球的稳定飞行，提高击球准确性。凹洞深的球，飞行弹道低。凹洞的多少可从球的编号看出，大多数球都有 324 个或 326 个凹洞，现已生产出 384 凹洞球，此种球在风中能以低弹道飞行。高尔夫球的直径不小于 4.27 厘米，最大重量为 45.93 克，标准球速为 75 米 / 秒，球体必须是对称的。正规比赛用球的球体表面应有厂家品牌和一些便于在比赛中识别球的标志，如图 2-13 所示。

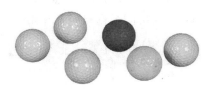

图 2-13　高尔夫球

美国高尔夫球协会规定，比赛用球必须符合以下几项指标：① 球的重量不能超过 50 克，直径不小于 4.3 厘米；② 球体完全对称，风行状态一致；③ 球的初速度不超过 76 米 / 秒；④ 整体击球标准距离最大不超过 270 米。对于其他指标，如球体的圆度、球体表面凹点的深度和数量、球的颜色等，均无限制。

高尔夫球硬度有软硬之分，数字越大，球越硬（表 2-2）。目前球的硬度最硬为 105°，最软为 70°，而这两种球都较少人采用，硬度为 80°～100° 的球使用最多。一般球的硬度是由胶线在胶核上缠绕的松紧度来决定的。硬度高的球适合年轻力大的职业球员，而软的球则适合年纪大的球员或力量小的女球员。

▶ 表 2-2　高尔夫球硬度表

| 硬度 | 标记和数字代表颜色 | 适应球员 |
| --- | --- | --- |
| 105° | — | 身材高大、力量大的男职业球员 |
| 100° | 黑色 | 男职业球员 |
| 90° | 红色 | 一般男球员、职业女球员 |
| 80° | 绿色 | 较大力量的女球员、老年男球员 |
| 70° | — | 一般女球员、初学者 |

球的硬度与距离呈正比，球越硬则飞得越远。如果要想获得更好的方向性，最好选用软一点的球，因为球员挥杆击球时，软球与杆接触球的时间较长，从而使球员能更好地控制球的方向。职业球员一般会选择硬度高的球，但球本身要具有软球的特性。因此，高尔夫球制造商便为此生产出

硬度为 100°，而又有较软外皮缠绕的球，但这类球因外皮软薄而易损坏。另外，依照高尔夫球的结构，其可分为双层球（适合初学者）和三层球，而三层球又分为硬塑球（适合一般水平球手）和巴拉塔球（适合专业球手）。球员应根据自身的年龄、体力、技术状况及目的性来选择高尔夫球。

## 二、高尔夫球杆

### （一）高尔夫球杆的演变

从 15 世纪到 19 世纪末期，人们一直使用状如长鼻、钩形的自制木质球杆。之后，英国原来制作弓弩的工匠开始制作高尔夫球杆。初期的高尔夫球杆大都是平底角的，挥杆也比较水平。随着制杆技术的发展，高尔夫球杆的制作技术水平得到了很大提高，有了具有不同杆面倾角的长打杆以及适用于短距离击球的楔形铁杆和推杆等。新材料的发明及制作技术的演变是导致球杆改进的两大因素。最初的木质球杆弹性较差，而且还容易折断。如今不锈钢、碳纤维及钛金属等材料的球杆设计更加科学精确，更具有弹性，从而使力的传导在击球瞬间几乎达到了完美的顺畅程度。现代球杆的设计及制造以提高高尔夫球运动技能为主，先进的科学技术的运用，使金属木杆或铁杆头在制造时可将重量合理地分布在周围，而且在设计参数方面也可依照球员的身高、体重设计。球杆长度、球杆与杆头接合的角度、球杆的重量等有不同的规格，以利于不同球员使用。

### （二）高尔夫球杆的种类

在高尔夫球比赛中，每名球员最多可以带 14 支球杆上场，这些球杆各不相同，击球的效果不同，适合的高度和距离也不一样。球员可根据将球击远、击近、击高的不同需要分别使用不同倾斜度的球杆。高尔夫球杆（图 2-14）分为木杆和铁杆两大类，每类包括不同的用途以及各种型号的球杆。

图 2-14　高尔夫球杆

#### 1. 木杆

木杆因传统杆身顶端击球部位为木制柿树木而得名，主要用于开球。木杆按长度分为 1、2、3、4、5 号，击远距离球通常使用木杆。木杆的特点是杆身长，杆头较轻，便于挥杆。1 号木杆最长，杆面与地面垂线的角度最小，击球距离最远，一般在发球时使用；2~5号木杆根据距离和球所在的位置加以选用。由于柿树的减少，木制杆头日益珍贵，因而逐渐被金属材料杆头取代。碳铁、钛金属具有材质轻、硬度高的特性，碳铁、钛金属杆头逐渐流行于市场。一般来说，木制杆头的击球甜蜜点较小，对球的控制精确度高，击球距离较近，易产生误击；而金属杆头的木杆重量分布较木质木杆更靠近边缘而有较大的甜蜜点，不易出现误击。

**2. 铁杆**

铁杆一般有12根，除1~9号铁杆外，还有一根用于近距离劈起击球的劈起杆（P）、一根用于沙坑中击球的沙坑杆（S）和一根用于推杆果岭上推球的推杆。铁杆的特性是易于保持击球的方向性，落点准确。铁杆击球部位用软铁制造，其底部比木杆底部要小，也不像木杆那样厚，长度短。铁杆重量较重，挥杆角度更佳，挥杆如割草，更易将草皮掀起。

（1）1~9号铁杆

1、2、3、4号铁杆称为长铁杆，杆长且重，击球距离远，不易控制；5、6、7号铁杆称为中铁杆，击球较高，球落地后尚能滚动一段距离；8、9号铁杆为短铁杆，常在近距离和不易击球的球位上及深草中使用；1号铁杆一般很少采用。铁杆制造分锻造和铸造两种，职业球员一般喜欢选用手工煅造的杆面球杆，而铸造铁杆则按"周边加重"原理在外缘加重以有较大的甜蜜点，初学者适合此类铁杆。

（2）劈起杆（P）

杆头与地面角度较大，主要用于推杆果岭周围。在地形条件复杂或球与球洞之间有沙坑、水面障碍或树木等障碍时，用劈起杆可将球高高打起，使球能够越过障碍落在推杆果岭上。劈起杆也常常用来打击90米以内的近距离弹道球。

（3）沙坑杆（S）

杆头与地面角度最大，杆头底面重，杆面底缘锋锐，以便将球杆头切入沙内，让力量通过沙传递给球，使球飞起。沙坑杆主要用来打推杆果岭附近沙坑内的球，也用来将深掩在长草中的球打上推杆果岭，或将位置较推杆果岭很低的球打上推杆果岭。

（4）推杆

推杆是在推杆果岭上推球入洞的专用球杆。当球打上推杆果岭后，或离球洞较近、地面较平整时，球员用推杆击球入洞。推杆杆身较短，杆面倾角最大不超过 6°，其形状与材质也多种多样。

对初学者来说，一般可选用 1、3 号木杆，3、5、7、9 号铁杆，劈起杆、沙坑杆和推杆。具体需要哪些球杆组合成套，可根据自身情况决定。1938年，美国高尔夫球协会宣布：一套球杆组合的最多为 14 支球杆。1938 年，美国高尔夫球协会规定每名参赛的球员最多只能携带 14 支球杆。14 支球杆为一套球杆，一般为 4 根木杆，7 根铁杆，再加上劈起杆、沙坑杆和推杆。表 2-3 为高尔夫球杆的分类。

▶ 表 2-3　高尔夫球杆的分类

| 类别 | 号码 | 杆长 / 厘米 | 杆头角 / 度 | 杆重 / 克 | 打球距离 / 米 |
|---|---|---|---|---|---|
| 木杆 | 1 号 | 107.9 | 10～11 | 371.3 | 约 220 |
| | 2 号 | 106.7 | 14 | 378.8 | 约 210 |
| | 3 号 | 105.4 | 15～17 | 386.3 | 约 200 |
| | 4 号 | 104.1 | 20 | 393.8 | 约 190 |
| | 5 号 | 104.1 | 21～23 | 401.3 | 约 180 |
| 长铁杆 | 1 号 | 97.8 | 15 | 408.8 | 约 195 |
| | 2 号 | 97.8 | 18～19 | 416.3 | 约 185 |
| | 3 号 | 96.5 | 22～23 | 423.8 | 约 175 |
| | 4 号 | 95.3 | 26～27 | 431.3 | 约 165 |
| 中铁杆 | 5 号 | 94 | 30～31 | 438.8 | 约 155 |
| | 6 号 | 92.7 | 34～35 | 446.3 | 约 145 |
| | 7 号 | 92.7 | 38～39 | 453.8 | 约 130 |
| 短铁杆 | 8 号 | 91.4 | 42～43 | 461.2 | 约 120 |
| | 9 号 | 89 | 46～47 | 468.8 | 约 110 |
| | 劈起杆（P） | 87.6 | 50～51 | 498.8 | 约 100 |
| | 沙坑杆（S） | 87.6 | 55～56 | 498.8 以上 | 约 70 |
| | 推杆 | 87.6 | 5～6 | 453.8 | |

## （三）高尔夫球杆的结构

拓展阅读：量身定做高尔夫球杆的步骤

高尔夫球杆由杆头、杆身、杆把三部分组成。杆头是实际击球的部位。球杆分成不同的号码，号码越大，杆身越短，杆头倾斜角度越大，击球越高，打出的距离相对较短。高尔夫球杆杆身经过木制、铁制、铝制、石墨、碳纤维、钛金属等一系列变化，近些年又出现了陶瓷杆身。球杆的硬度一般可分为特硬型、硬型、普通型、软型和特软型 5 种（表 2-4）。在挑选和使用球杆时，要根据自己的身体条件、技术水平和习惯去选择。

▶ 表 2-4 高尔夫球杆硬度表

| 硬度 | 代表符号 | 代表颜色 | 适应球手 |
|------|----------|----------|----------|
| 特硬 | X | 绿 | 身材高大、力量大的职业球员 |
| 硬 | S 或 F | 红 | 职业球员、力量大的男球员 |
| 普通 | R 或 T | 黑 | 一般男球员、女职业球员 |
| 软 | A | 黄 | 老年男球员、较大力量女球员 |
| 特软 | L | 蓝 | 一般女球员 |

球员选择铁杆时，一般应注意检查以下两个方面：

第一，杆头（图 2-15）。将球杆底部放于地面，在球杆底部趾端和地面之间有一个细小的间隔。其大小若刚好能让一个分值硬币通过，则属正常；若间隔过大，击出的球会偏左飞行；若间隔太小，击出的球则会向右飞行。

第二，杆把（图 2-16）。用左手握住杆把，如果中指和无名指能很自然地触到手掌，球杆杆把的大小就合适。杆把大小不当会使球员在握杆时手感不舒服，从而影响击球质量。

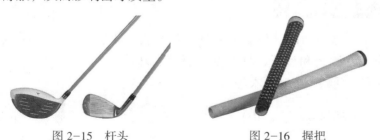

图 2-15　杆头　　　　　　　图 2-16　握把

球员选择推杆时，应检查以下六个方面：

第一，外观。推杆杆头主要分传统叶面型、趾根加重型、中央型、槌头型以及万用型五种。杆头的外观对球员的心理影响很大。推杆要靠感觉，如在视觉上喜欢该杆的样式，感觉它可靠，会增添球员推球进洞的信心。

第二，重量。推杆重量会影响进球率，通常来讲杆头重，推杆越沉稳。推球有困难的人用球头较重的推杆会大大增加进球率。一般而言，身强力壮的人用重杆，力量较差者和女性用中等重量的推杆。

第三，长度。推杆的长度一般为84～96厘米不等，应依球员的习惯和需要来选择。球员按照习惯的方式握住杆把，杆头轻轻地接触地面，身体自然前倾。若手臂与球杆延长线形成的角度小于45°，说明手的位置太低，球杆短；若大于45°，表明球杆太长，手就要向上移。

第四，材质。可选用锻造或铸造出来的铜质或不锈钢的杆头。碳纤维或钢质的推杆，其硬度要适中。同时，杆头材料最好有一定的黏性。

第五，平衡感。可将推杆横着放在一只手的食指上，并移动使推杆能保持平衡状态，此时若杆头可以放平，即击球面向上或向下，则球杆的重心位置最佳；若尖端垂直地指向地面，这种球杆还可以用；若杆头斜躺着，这种杆就不能用了。

第六，击球甜蜜点。击球甜蜜点即球员用球杆杆头击球的最佳落点。它是球杆重量集中的区域，击球时若正中甜蜜点，这个球就能很好地弹出去。推杆上一般有一条线或一个点表示甜蜜点，以引导球员击球。新买的推杆在杆头上都已标明，但它往往与实际击球甜蜜点会有出入。球员可以用拇指和食指轻轻捏住或悬挂球杆使整个球杆悬空，然后用另一手的食指轻敲击杆头，当杆头只能向后振而不会左右偏转时，此处就是推杆上的击球甜蜜点。

### 三、其他装备

高尔夫球运动的其他基本装备有球杆袋（球包）、球座、手拉车、标记、修叉、沙袋和沙子、杆头套、服装、球鞋、手套、球帽、伞和雨衣等。

#### （一）球杆袋（球包）

球杆袋（图2-17）是装球杆的袋子，它可装得下全套的球杆和其他必需装备，如衣服、球座、球、球鞋、雨伞、毛巾等用品。球员可扛在肩上或将其放在推车上。球员要根据自己的身高、体重、球杆数量选购球杆袋。球杆袋里常携带的小物件还有标记、记分卡、铅笔、清球器和练习用的空心球等。

图2-17 球杆袋

## （二）球座

球座（图 2-18）是在发球区开球时使用的木质或塑料的锥状的支球架。在发球区开球时，球座可以把球垫到适当的高度，方便球员击球，球垫可以减少击球阻力，让球员将球击得更远。打一场高尔夫球需要准备多个球座。大多数球员一般选用木质球座，但它较容易损坏，塑料球座则比较结实。

图 2-18　高尔夫球座

## （三）手拉车

手拉车（图 2-19）是用于拉球杆袋的车子，一般负重约为 15 千克。高尔夫球员拉车需坚固、轻盈且具备大轮轴，以适应球场上崎岖不平的道路。手拉车一般可放置于汽车的后车厢内。新式的手拉车有使用电池驱动的，其设计越来越能满足球员的需求。

图 2-19　手拉车

## （四）标记

标记（图 2-20）一般用塑料制成，为图钉状。高尔夫球竞赛规则规定，当球打上推杆果岭时，可以将球拿起来擦拭。当球正好挡住同伴的球时，也需将球拿起。为了记住球的位置，在拿起球前，需要在球的后面做上标记，轮到自己打球时，再把标记拿起，把球放回原处。

## （五）修叉

修叉（图 2-21）是修理推杆果岭的工具。以下情况需用修叉修复果岭：高尔夫球从高处落在推杆果岭上砸出小坑时；外界影响使推杆果岭出现裂痕时；穿钉鞋不小心划坏推杆果岭时。此外，修叉还可以用于清除球杆击球面槽中的污物。

图 2-20 标记          图 2-21 修叉

## （六）沙袋和沙子

沙袋和沙子是修补草皮的工具和材料。在发球区或球道上，球员挥杆打起草皮是正常的。当球员打起草皮后，要把草皮拿回，放上一些沙子，用脚踏一踏，以利于草的再生长。因此，打高尔夫球必须备有沙袋，并且装上足够用的沙子。

## （七）杆头套

杆头套（图 2-22）是用毛线、皮革等制成的用于保护木杆杆头的袋状物。其装饰性和实用性越来越强，色调、材料、质地等也越来越多样化。

图 2-22 杆头套

## （八）服装

拓展阅读：高尔夫球运动不让时尚打折

早期的高尔夫球员打球要穿燕尾服，着长筒靴。随着社会的发展，服饰规定没有那么严格了，可是一些基本的传统流传了下来，形成了现代高尔夫球运动着装的基本守则，如上衣要有领子，穿短西裤要穿长袜等。通常，高尔夫球服饰分为上衣和裤子两部分。上衣一般是长袖或短袖的运动衫款式（图2-23），裤子（不论长裤或短裤）是纯棉或纯毛的西裤或便装裤。

现代高尔夫球运动着装一般为：穿 V 领毛线背心，里衬有领的短袖 T 恤，下身配合便装裤，裤形宽松不紧绷。雨天可穿特制的雨衣。

图 2-23 服装

总之，穿着要舒适得体、整洁干净，衣服应宽松，使身体能充分舒展，不能妨碍挥杆和推杆动作。同时，衣料要质地柔软，吸汗能力强。

### （九）球鞋

高尔夫球鞋（图2-24）用皮革制成，鞋底上带有鞋钉或小的橡胶头。穿这种鞋打球主要有以下作用：① 增强击球站位的稳定性，有利于保持身体平衡，更合理地完成击球动作；② 皮革面可以防雨和防露水，在潮湿积水地面可以起到防滑的作用，同时行走时可以节省体力；③ 在行进和打高尔夫球时，鞋底钉子扎出的洞有利于草根部通过洞穴呼吸空气，起到保护草皮的作用。

图 2-24　球鞋

### （十）手套

高尔夫球手套（图2-25）用质地柔软、手感较好的皮或布料制成。打高尔夫球戴手套的主要目的是：① 手掌握住球杆时填满手与握杆间的空隙，使手与球杆轻松而牢固地连成一体；② 更舒适地握紧杆把，避免球杆击球振动时摩擦手掌，影响球感；③ 防滑和防寒。由于握杆时是以左手用力为主（击球时向右后引杆者），故一般用左手戴手套，反之则右手戴手套，但也有球员两手都戴手套。

图 2-25　手套

### （十一）球帽

球帽（图2-26）也是高尔夫球运动中的必备装备之一。由于高尔夫球活动一般在户外进行，太强的阳光会遮挡球员的视线影响击球，有时甚至会晒伤球员，这时应戴太阳帽；而在下雨天打球时应戴防雨帽进行防护。高尔夫球帽有很多款式可以选择。

图 2-26　球帽

## （十二）伞

在高尔夫球比赛中，准备一把大的伞（图2-27）通常是很必要的。伞不仅可以遮挡风雨，还有其他用途。在打雷或闪电天气，使用玻璃纤维伞相对比较安全，而且比较结实和轻巧。

## （十三）雨衣

雨衣（图2-28）由轻便耐用的合成纤维制成，必须轻便、宽松，既能吸汗，又能防水。

图2-27 伞 　　　　　　　　图2-28 雨衣

### 实训与思考

1. 简述高尔夫球场的构成。
2. 高尔夫球场的类型有哪些？
3. 简述你所了解的高尔夫球，并介绍如何选择高尔夫球。
4. 高尔夫球杆的种类有哪些？
5. 高尔夫球运动对服装的要求有哪些？

# 第三章

# 高尔夫球运动技术

## 本章导言

　　本章从分析高尔夫球运动的技术原理、挥杆动作开始，讲述了高尔夫球运动的技术特征，包括挥杆技术基本特征、挥杆平面特征以及球的飞行弹道特征；同时从击球准备（瞄球、握杆等）、站姿、瞄球、挥杆技术（上下挥杆、击球、收杆等）等方面详细描述了高尔夫球运动的基本技术。

## 学习目标

　　1. 了解高尔夫球运动技术的力学分析。
　　2. 熟悉高尔夫球运动技术动作分析要点和技术特征。
　　3. 掌握高尔夫球运动的基本技术。

## 第一节 高尔夫球运动技术概述

高尔夫球运动挥杆的最佳效果是使击出的球又远又准。获得此效果的条件是杆面击球时有准确的杆面方向、准确的杆头轨迹、尽量快的杆头速度以及尽量长的杆面与球碰撞接触的时间。由于挥杆是人体对球杆的作用，需要了解高尔夫球运动技术力学原理以及挥杆原理，才更容易理解高尔夫球运动挥杆的动作要领。

### 一、高尔夫球运动的技术原理

一般高尔夫球全挥杆的时间大约为 2 秒，在这么短的时间内要想把高尔夫球打得精准，要通过不断的挥杆练习建立运动条件反射。

### （一）高尔夫球运动技术的力学分析

高尔夫球运动技术的力学影响要素包括：身体姿位，关节角度，身体及肢体的位移，运动时间，速度及加速度，用力大小及方向，用力的稳定性及动态力的变化速率，人体各环节的相互配合形式与方式，增大动力的利用率及减少阻力的技巧。

高尔夫球杆头速度来源于人对球杆的转动速度，而转动速度则是在下杆过程中由人体持续施加于身体相关部位以及球杆的转动驱动作用所致。为简化分析，我们将人体及球杆的运动简化成髋、肩及手臂、球杆三个主要部分的运动。由此，我们将人体的动力链简化为三个方面，即两腿对髋的驱动；转体对肩臂的驱动；手臂对球杆的驱动。两腿对髋的作用来源于两条腿的交错移动形成大腿对髋的一推一拉作用。扭腰对肩的作用来源于腰及肩部肌肉对肩的拉扭。手臂对球杆的作用来源于两手腕及右肘的协调转动形成两手对球杆握把的直接转动。

挥杆动作中的水平驱动往往容易被初学者忽视。在练习时将打水漂的动作迁移过来就能体会到水平驱动的作用。打水漂的动作练习程序为：转手腕，挥臂→转手腕，水平转肩→挥臂→转手腕，转胯→转肩→挥臂→转手腕。显然，参与运动的身体部位越多，合力越好，效果越好。高尔夫球挥杆的动力来源于两腿对髋的驱动。在驱动过程中，左髋相当于杠杆系统的支点，右髋相当于动力点，右腿对右髋的推力是动力，左右髋的连接线是动力臂，球杆杆头是阻力点，杆头的水平惯性力是阻力，通过腰提升起来的手臂及球杆是阻力臂。对这一杠杆系统的动态平衡及运动分析可以看到，此处动力能力（右腿的最大推力）和动力臂相对较大（相对于身体其他部位产生而言），所以能带动的阻力点上的推动力也大。而且，右腿推动右髋的水平运动速度通过杠杆的传输能使杆头水平运动速度加速。同时，在下杆转髋的前期，髋的转动使腰肌反向拧紧，为转体转肩储备了弹性势能，可提高扭腰转肩的力量和爆发力程度。在实际运动中，可以参考拳击运动中马步站位打右手直拳的动作，这种站姿对于推动髋的转动幅度大，更有力量，更稳固。而且，这种站姿可以解决初学者只是通过左右移动髋而不是转动髋带动球杆的问题，左右移动髋显然对杆头加速没有作用。

## （二）高尔夫球运动挥杆动作分析

高尔夫球运动的挥杆技术可细分为 14 个动作，其中每一个动作的运用对球的飞行规律都有直接影响。可将挥杆技术划分为两个阶段，即挥杆前的动作和挥杆中的动作。

### 1. 挥杆前的动作分析

挥杆前的动作包括握杆方法、瞄准体系、准备姿势三部分。

握杆方法要注意双手的结构、位置、指向、压力以及双手结合的过程，它影响球的方向和距离。

瞄准体系包括球员在瞄准目标的过程中所做的准备工作，杆面和身体要都对准目标或平行于目标线，它影响球的方向。

准备姿势是球员在实际击球前所做的准备，它影响球的方向和距离。

### 2. 挥杆中的动作分析

挥杆中的动作包括挥杆平面、挥杆弧线的宽度、挥杆弧线的长度、顶点位置、杠杆系统、挥杆时序、释放、动态平衡、挥杆中心、连接、击球瞬间，共 11 个部分。

挥杆平面是根据高尔夫球杆的杆身在准备姿势时静态角度标定的，主要影响球的方向和距离，挥杆平面的标定有平行标定法和锥形标定法两种。

挥杆弧线的宽度也可称为挥杆半径，它是观察杆头或双手与挥杆中心的距离，主要影响球的距离。

　　挥杆弧线的长度是杆头在挥杆过程中上杆到顶点与下杆到收杆的特定距离，为了方便观察，会使用杆身作为重要参照物，它主要影响球的距离。

　　顶点位置是指前侧手臂、前侧手腕和杆头前沿之间的关系，主要影响球的方向。

　　杠杆系统是指上下杆过程中肘部和腕部折弯和还原的过程。

　　挥杆时序是球杆和身体各个部位动作的程序设置，当时序正确时，将形成最有效和最有力的挥杆动作。

　　释放就是用尽上杆动作储存的全部力量，身体各个部位以正确的时序通过击球位置使杆头产生极大的速度，它主要影响球的距离。

　　动态平衡是指在整个挥杆过程中控制身体的同时重心合理转移的过程，它主要影响球的距离和方向。

　　挥杆中心是身体转动所环绕的点。

　　连接是指在整个挥杆过程中使用不同的力量来源相互保持合理的关系。

　　击球瞬间是指杆头触球的时候，它主要影响球的方向和距离。

## 二、高尔夫球运动的技术特征

### （一）挥杆技术基本特征

Swing your swing.

——阿诺德·帕尔默

　　如果你第一天打得很烂，忘掉它。如果你第二次又打得很烂，重新检查一下你的基本的握杆动作、站位、目标的确定和球的位置。大部分错误都是在挥杆之前发生的。如果你连续三次都打得很不好——去找你的职业教练。

——《高尔夫红宝书》

拓展阅读：
高尔夫球挥
杆技术三要
素

**1. 挥杆前**

在高尔夫球运动中，每一次好的击球是从预备姿势开始的。正确的瞄准、合适的球位、稳定的站姿及正确的握杆都将为球员后续挥杆创造出好的击球效果。

**2. 挥杆中**

虽然每个人的挥杆风格不一样，但职业球员有一些共同特征，这些共同特征正是打出好球的重要因素。

首先，优秀球员的挥杆动作各不相同、节奏快慢不一，但他们都拥有流畅的挥杆节奏。好的挥杆节奏呈现给大家最直观的感受就是连贯、流畅，而挥杆节奏不理想则给人感觉生硬、别扭。其次，正确的挥杆顺序也是优秀球员共有的特征。平稳上杆至顶点，然后流畅启动下杆，由慢至快逐渐加速，到达触球区时，杆头速度达到最大，触球结束后逐渐减速。上杆通过上半身的转动带动髋部被动旋转，形成扭力，完成蓄力过程，下杆由腿部开始启动，髋部回转并带动肩膀转动，紧接着带动双臂、球杆。击球结束，身体旋转减速带动双臂和球杆完成收杆动作。这是正确的、符合挥杆原理的挥杆顺序。

## （二）挥杆平面特征

高尔夫球挥杆动作的主要区别在于上杆顶点的位置，有的手高，有的手低。挥杆顶点的位置是指手腕与脊柱形成的最大角度。总体来说，挥杆的平面位置有三种，即高平面、中平面和低平面，其中高平面和中平面又分别被称为双平面和单平面。平面位置无好与不好之分，关键是选择适合自己的平面位置。

### 1. 高平面（图 3-1）

高平面（双平面）挥杆指的是在挥杆顶点时，左手臂形成的直线陡直地指向地面，左手臂与脊柱形成的夹角小于 90°。陡直下杆一般会搭配由外往里的挥杆轨迹，打出的球带有由左往右的侧旋，并且倒旋多，弹道高。这类挥杆在下杆时，先把手臂拉回到和身体同一平面，再释放杆头击球。在遇到长草和沙坑球时高平面挥杆比较有优势，因为快速而陡直的下杆能将球快速打出障碍区，而不会被长草或沙子卡住而影响杆头速度。

图 3-1 高平面

### 2. 中平面（图 3-2）

中平面（单平面）指的是左手与脊柱形成 90° 的夹角，挥杆过程中手臂和肩部严格围绕身体的中轴线同步绕转，保持两者在同一平面上。在上挥的顶点，可以清楚地看到双手基本和头部平行，同时右臂与身体夹紧且右肘朝下，下杆的时候只要原路返回即可。

### 3. 低平面（图3-3）

低平面挥杆是指左手臂形成的直线以一个平缓的角度指向地面，与脊柱形成大于90°的夹角。低平面挥杆会形成较扁平的下杆平面挥杆，打出由内向外的杆头轨迹，球带有左侧旋，击球角度较平，球的倒旋少，飞行高度低，弹道比较低。所以在遇到大顶风或处理沙坑球时，适合采用低平面挥杆。

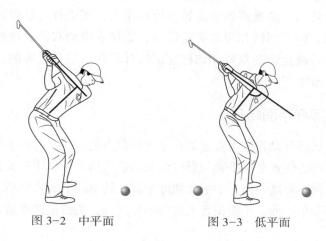

图3-2　中平面　　　　　图3-3　低平面

## （三）球的飞行弹道特征

在高尔夫球运动中，当球员将球击飞后，高尔夫球的飞行会出现不同的飞行线路，主要有直飞、左曲、右曲。影响高尔夫球飞行的五个因素分别是：杆头速度、杆头的运动轨迹、杆面方向、击球角度、球与杆面的接触位置。影响球飞行方向的主要因素是杆头的运动轨迹和击球瞬间的杆面指向，当然还有球与杆面的接触位置、球位、风向等其他因素。

根据杆头运动轨迹和杆面方向的组合可以形成9种高尔夫球的飞行线路，即左拉左曲球（pull hook）、左拉直球（pull）、左拉右曲球（pull slice）、左曲球（draw）、直球（straight）、右曲球（fade）、右推左曲球（push slice）、右推直球（push）、右推右曲球（push hook）。

球员一般根据击球策略选择小左曲和小右曲作为击球弹道。小左曲有更多的滚动距离，适合用作攻果岭前的过渡杆；小右曲由于更好停球，常在攻果岭的时候使用。初学者由于挥杆不稳定，对于杆面的控制还不熟练，所以他们击出的球经常出现大右曲和大左曲。

## 第二节　高尔夫球运动基本技术

高尔夫球运动的基本技术实际上就是挥杆技术，它由握杆、站姿、瞄球、挥杆等动作环节组成。作为一名高尔夫球员，需正确、全面地掌握各种实用的技术。好的击球技术，最终体现在球员击球的力量、速度和对球的飞行弧线的控制以及球的落点上。高尔夫球运动基本技术强调的是稳定性和准确性。所以正确而扎实的基本技术是先决条件。本节将从正确的握杆方法、良好的站姿以及如何构建正确的瞄球体系这三个方面来介绍高尔夫击球准备动作，从起杆（take back）—上挥杆（back swing）—挥杆顶点（top swing）—下挥杆（down swing）—击球（impact）—送杆（follow through）—收杆（finish）介绍高尔夫挥杆技术。

拓展阅读：
高尔夫球员
如何培养手
感

### 一、击球准备动作

#### （一）握杆

握杆指的是球员握持高尔夫球球杆的动作，握杆技术就是握持球杆的方法，它是学习高尔夫球运动技术的第一步。握杆的作用在于击球过程中能使身体和手臂运动的动力传递给杆头，可以调节与控制挥杆动作。手掌是球员与球杆的连接部位，当球员挥杆击球时，发自身体的力量就是通过手臂传到球杆和杆头上的。握杆不正确，当上杆到顶点时，球杆会失去控制，下杆击球时就无法将全身力量传递到杆头上，击出的球就不可能达到理想的距离和弹道。因此，握杆技术非常重要。

**1. 握杆的原则**

握球杆要遵循下列两个原则：① 力度适当。也就是说不可握得太紧，因为握得过紧会导致小臂肌肉紧张，击球时影响力量的传递，还会造成击球时杆面向左闭合，将球扣向左边；也不宜握得太松，太松会使球杆失去控制，击球时杆面会打开，击出的球向右飞。② 双手握杆后在使用中有一体感。也就是说有舒服自然好用力的感觉，如果双手用力不一或各自为政，将造成球杆失控，影响击球效果。

### 2. 握杆的方式

握杆方式主要有重叠式、互锁式和棒球式三种，下面以右手球员为例进行说明。

（1）重叠式握杆

重叠式握杆法（图3-4）是常见的也是很多球员喜欢的握杆方式，即将右手的小拇指搭放在左手中指与食指间的正上方。右手以及右臂力量比较大的球员挥杆时会无意识地增加右手及右臂的力量和挥杆的动作幅度，使左右两边未能达到平衡，从而影响球飞行的轨迹。重叠式握杆可以减弱这种影响，使左右两边尽可能地达到平衡，这种握杆方式一般适合手臂力量较大的球员。

（2）互锁式握杆

互锁式握杆（图3-5）时，右手小指与左手食指相互交扣。这种握杆方式给人一种整体的感觉，但要注意左手食指与右手食指互锁不能太用力，否则很容易使双手的角度发生变化，不能自如地控制球杆。正确的方式应是双指轻轻地扣在一起，切勿太紧。互锁式握杆一般适合手指比较短的球员，如女士、小孩。

（3）棒球式握杆

棒球式握杆也称为自由式握杆（图3-6），双手手指分开，十指自然地握在握把上，类似握棒球棒，这种握杆的方式比较适合老人、小孩等力气较小的球员。

图3-4　重叠式握杆　　　　图3-5　互锁式握杆　　　　图3-6　棒球式握杆

### 3. 握杆的方法

握杆最重要的一个步骤就是如何将左手放置在高尔夫球杆上。正确地放置左手，能让球员在最大限度掌控下做出类似铰链的动作。右手则配合左手一起控制球杆。

（1）握杆的基本步骤

大部分球员使用的是重叠式握杆。以右手球员为例，在这种方式中，右手小指要放在左手食指的指关节后面。重叠式握杆的步骤如下：

第一步：用右手握住球杆，使球杆的杆头朝上，握把朝下，垂直于地面，距离身体一臂长，然后将球杆的握把放在左手食指的第一指节，并横向穿过手掌至左手小指的指根部位。

第二步：用左手除大拇指外的其他四指环扣球杆、握把，这时右手应该握在杆身上，留出握把末端部分大约半英寸。

第三步：将左手大拇指朝上包住握把，渐渐地用整个手掌握住球杆，球杆的末端应压在左掌根小鱼际处，这时左手手腕应该是完全竖直的，并且掌心应该空出来。

第四步：打开右手手掌，顺着杆身向下滑动，直至右手小指放在左手食指的指关节后面。

第五步：把右手掌上的生命线紧紧地贴在左手大拇指上，右手除大拇指外其余四指轻轻握住握把。

第六步：用右手包住左手大拇指，右手大拇指和食指呈扣扳机状轻轻捏住球杆。双手虎口反向延长，指向右边耳朵为宜。指向下巴为弱式握杆，指向右手臂为强式握杆。

（2）握杆的力度

初学者的握杆力度普遍偏大，握杆较紧，这会导致挥杆的节奏不是很好，对距离和方向的控制也会存在问题。

合适的握杆力度应该是：首先双手将球杆垂直握好摆于身前，然后让球杆从手中慢慢向下滑，此时的握杆力度太轻，需要稍微加大一点力度，不让球杆继续向下滑——握杆力度就从这里开始。保持刚才的握杆力度不变，再次将球杆握好举起，只要让球杆与地面平行即可，握杆力度会随之增加，这就是定位时需要的握杆力度。大多数的握杆力量最好是来自左手的后三根指头，尤其是小拇指。在挥杆过程中，握杆力度会不自觉的增大，有意识地维持稳定的握杆力度也是个不错的方法。

（3）杆头的校正

即使掌握了正确的握杆方法，如果杆头指向不正确，同样也不能实现准确的击球，这时就需要校正杆头。握好杆后双手沿身体的中心线放低至腰际，这时要保持双手手腕上翘，使球杆与地面平行，握把的末端指向皮带扣。此时就可以检查杆头指向了。如果杆头趾部偏向左侧，那么杆面相对于目标线就会呈关闭状，容易造成击球偏左。如果杆头趾部偏向右侧，那么杆面相对于目标线就会呈开放状，容易造成击球偏右。正确的杆头指向应该是杆头趾部垂直指向天空，这样杆面就会垂直于目标线，更容易形成方正的击球效果。在校正杆头时不要通过转动手腕或手臂来使杆头趾部达到垂直状态，应该通过转动球杆来达到校正杆头的目的。高尔夫球杆的握杆对挥杆节奏、杆头速度、挥杆及球杆的控制乃至挥杆的整个过程都会产生很大的影响，所以在掌握挥杆动作之前一定要保证握杆动作的正确。

## （二）站姿

站姿是指击球准备时的身体姿态。良好的站姿不仅在挥杆过程中能提供良好的平衡，稳定支撑使上半身平稳的旋转，还能使全身各部位协调用力，使每一部位的力量自然地释放出来。

### 1. 站姿的方法

（1）双腿放松微屈，左脚略微打开，右脚脚尖与目标线垂直，双脚脚跟内侧宽度与肩同宽。站位时，右脚内侧应有种受力的感觉，双膝自然弯曲。双脚分开的宽度应随球杆杆号的增加而变窄。

（2）保持背部挺直，身体以髋关节为轴自然前倾。

（3）双手放松，自然垂直于身前；双腿自然微曲，保持重心均匀分布在双脚之间。

（4）头部保持与脊柱呈一条直线，双眼正视击球点，以便双肩有转动的空间。

（5）站好后，右肩略微低于左肩，右肩不能向前挺起超过左肩的位置。

### 2. 站姿的种类

（1）平行站姿

平行站姿指双脚连线与目标平行的站姿（图3-7）。采取此站姿挥杆时，挥杆路径为由内而内，能够打出直球。这是比较理想的站姿。建议初学者从平行站姿练起。

图 3-7 平行站姿

（2）开放式站姿

开放式站姿指左脚略微向后的站姿（图 3-8），因杆面开放，容易打出右曲球。在需要打出弹道较高的右曲球或者打出高抛球时采用此种站姿。

图 3-8 开放式站姿

（3）关闭式站姿

关闭式站姿指右脚略微向后，瞄向目标右侧的站姿（图 3-9）。采取关闭式站姿挥杆时，挥杆路径为由内而外，因而加大了球的左旋，增加了击球距离。

图 3-9 关闭式站姿

### 3. 球杆与身体的距离

球杆越短，离身体的距离就越近。确定身体与球杆的距离是否合适，可在做好击球准备后，右手放开握把，握拳测量握把底端与大腿之间的空隙，最佳距离为一拳至一拳半。另外，将杆头放置于地面，杆底着地，这也是身体与球位的适当距离，要注意握把顶端始终要指向左边大腿内侧。球杆与身体的距离如果过近，挥杆动作不够舒展；而过远，则会给人以手臂与身体分离的感觉，同时因转动产生的加速度在击球瞬间也无法充分传递到杆头。

### 4. 重心的分布

由于球杆的形态及挥杆动作不尽相同，站位时重心的分布也不同。

（1）使用木杆的重心分配

重心略微靠右，体重分配要求为右脚60%，左脚40%。这种站位可以获得更大的挥杆弧度及杆头向上击球，并能增加击球距离。

（2）使用5、6、7号铁杆的重心分布

重心在两腿中间，体重分配为双脚各50%。这种站位挥杆动作比较均衡，从而能获得最大的杆头速度。

（3）使用短杆的重心分布

重心略微靠左，体重分配要求为右脚40%，左脚60%。采取这种站位时，双手位于球位的前方位置，这样下杆时可以做到向下击球，保证了短杆的击球准确性。

## （三）瞄球

瞄球是击球准备体系中的重要技术。为了确保球员击球时杆面还原到准确的位置，就必须遵循瞄准程序。瞄球动作做不好，容易导致方向偏差。哪怕是微小的方向错误，都可能导致击球失误，即所谓"失之毫厘，谬以千里"。

### 1. 杆面和双脚的瞄准

击球瞄准是由身体各部位瞄准时先后顺序作为参照的，是以杆面瞄准为基础进行的。因为杆面是离球最近的一部分，所以更需要正确瞄准。如果击球瞄准中杆面瞄准出现问题，那将对球的飞行产生重大的偏差。

（1）杆面瞄准

瞄准过程中的每一个环节都得围绕如何使杆面指向正确的方向这一目标进行。没有正确的杆面瞄准过程，则其他环节也没有办法完成。在瞄球时要将杆面垂直地放置于球与目标点之间的连线上（图 3-10）。

（2）双脚瞄准

瞄准体系的下一个环节就是双脚瞄准。杆面瞄准和双脚瞄准这两项若能正确地完成，则其余的环节将变得更为容易。在瞄球时要使双脚的连线与球和目标点之间的连线保持平行（图 3-11）。

图 3-10　杆面瞄准　　　　图 3-11　双脚瞄准

**2. 髋部瞄准**

髋部瞄准是下一个重要的瞄准环节，髋部应该与目标线平行（图 3-12）。例如，球员对击球目标有一种视觉印象，他们的身体能感觉到击球目标方向，或者说在脑海里有了明确的击球目标方向。如果球员能做到胸部和躯干瞄准与杆面瞄准协调一致，那说明他瞄准的准确性很好。

**3. 肩部瞄准**

肩部瞄准构成瞄准体系的最后环节，完美的瞄准体系为左右肩的连线应平行于目标线（图 3-13）。很多高尔夫球员下肢的瞄准姿势不正确，这可能源于一系列因素，如由于脊椎侧凸而弯曲；平衡感的缺失可能使人体畸变，影响人体的整体瞄准；球员对身体某一部位本体感觉不好；对应该怎样瞄准的概念理解不准确等。

图 3-12　髋部瞄准　　　　图 3-13　肩部瞄准

## 二、高尔夫球挥杆技术

挥杆的目的不单纯是击球，还要使球正确的飞行。球能否正确飞行，取决于冲击球时杆面是否处于球员预期的状态。而冲击球时杆面的状态又受挥杆轨迹及挥杆轨迹中的每一瞬间杆面所处的状态制约。挥杆轨迹是指挥杆过程中杆头通过的路线，这个轨迹应该是一个较为均匀的大圆弧。如果把杆身扫过的路线连接起来就形成一个倾斜的平面，这个平面叫作挥杆平面。挥杆轨迹的大小及挥杆面的倾斜度与所使用的球杆有关，使用长杆时轨迹的圆弧大，挥杆面的斜度也大，反之则小。保持挥杆轨迹和挥杆面的正确性，是保证冲击球时杆面呈正确状态的先决条件之一。注意挥杆平面应该是一个均匀的圆形，杆头轨迹尽量避免出现"8"字形路径。

大部分人认为，高尔夫球运动的挥杆动作是一种围绕纵轴的旋转运动，身体基本上没有向右或向左的横向移动及向前或向后的俯仰动作。设想这个纵轴从头部通过身体中心，以此轴为中心，用两臂、两手挥动球杆，肩部也要做必要的充分回旋，在假想的圆筒中转动肩部、腰和下肢。从上挥杆开始到最后完成至动作结束都以这个轴为中心转动。

高尔夫球运动挥杆技术由起杆—上挥杆—到达挥杆顶点—下挥杆—击球—送杆—收杆几个环节组成。通常将挥杆技术分为上杆部分和下杆部分，上杆部分包括起杆、上挥杆、到达挥杆顶点，下杆部分包括下挥杆、击球、送杆。

根据挥杆动作和挥杆顶点所处的身体姿势的不同，挥杆技术分为两种方式。第一种是直挥式。其特点是挥杆顶点高，幅度大，挥杆平面更加接近直立。这种挥杆适合身材高大的人，可以充分利用其身高力大的优势，以大幅度的挥杆动作产生强有力的冲击球，从而使球飞得更远。第二种是平挥式。这种挥杆适合身体矮胖、不便于转动的人。其特点是挥杆顶点低，挥杆幅度小，挥杆面倾斜度大。上挥杆时杆头向目标方向的反向运动至右脚的正前方，注意不是使左臂向左向上大幅度上挥，而是使左臂贴近身体，较早地向右后方上挥，到达挥杆顶点后，两手与右肩平齐，在右肩的外侧。而在下挥杆时，因为身体转动不便，不特别强调身体的充分旋转，但对两臂的挥动要求较高。

## （一）上杆部分

### 1. 起杆

起杆是指将杆头从击球准备时的状态开始向球的后上方旋动的动作，整个过程从启动开始到进入屈腕动作为止。后起杆是上挥杆的起始部分。

起杆时，左臂与球杆成为一个整体，不要屈腕屈肘，保持两臂与肩构成的三角形；左肩、左臂和左手与球杆形成一体，左肩依次带动臂、手、球杆，将杆头慢慢向球飞行方向的正后方转动。在此过程中，一定要保持杆面始终正对球的飞行方向，也就是说，从杆头启动到杆头向球的后方摆动至右足尖前方，两臂与球杆仍然保持击球准备时的状态，杆头的底面几乎贴着地面水平地向后运动。后起杆的关键是慢而直。所谓慢是指杆头的向后运动要缓缓，这样有利于整个上挥杆的节奏；所谓直是指球杆的杆头要直线向后摆动，而且杆面保持正对球。在两手到达右膝前上方之前，球杆、两臂和身体一起同步转动，所以球杆的握柄尾端要始终指向肚脐，这也是检查后起杆动作是否正确的简便方法之一。

起杆动作如图 3-14 所示。

图 3-14 起杆

### 2. 上挥杆

从挥杆动作的整体来看，后起杆和上挥杆之间并没有区间界限，也没有任何停顿，后起杆是上挥杆的开始，上挥杆是后起杆的延续，甚至可以说后起杆就是上挥杆的一部分。继后起杆之后，继续保持肩与两臂构成的三角形，以杆头带动两臂及左肩向右转动，在两手到达右腰部高度时，左臂如同向右上方伸出一样继续上举保持；左腋贴身，右臂的大臂基本保持固定，右手关节随左臂的上举徐徐弯曲；左肩继续在臂的带动下向右转动，同时带动身体的旋转。在上体和髋的转动作用下，左腿向内旋扭，左膝内扣，大腿内侧肌肉被拉紧；右腿在扭转力的作用下，仍然保持弯曲，维持两膝间的距离，以阻抗右腿也被迫向右扭转的趋势，所以右腿如同弹簧般被充分扭转压紧。右脚内侧承担大部分体重，其余部分由右足前脚掌内侧承担。

在上挥杆过程中，头颈部与脊柱保持在一条直线，可以假定身体旋转运动的中心轴从头顶部穿过颈、背、腰，最后到达骶尾部。两眼注视球，头颈部固定，保持正直，不要有任何左右摇摆或扭转，左肩最终回旋至下颌的下方。

后起杆以后，两臂仍然与球杆保持同步运动，左臂伸直，尽量保持较大的上挥杆幅度。左手背在手臂的运动过程中，逐渐由朝向球的飞行方向转为朝向身体前方，球杆面也逐渐打开，在两手到达腰部时，左手背基本正对前方，此时杆头继续领先。左臂带动左肩充分转动，左手拇指指腹支住球杆握柄，左手向拇指方向屈曲，完成立腕动作，保持手腕的正直，左手背与左前臂位于同一平面上。右肩也有意识地参与上体回旋运动，以使身体转动得更加充分，肩部转动 90°左右，腰部转动 45°左右，两臂充分上举，两手到达右耳的位置，左膝在扭转作用下靠向右膝，左肩指向球的右侧，进入挥杆顶点。

在上挥杆过程中，左臂要一直保持击球准备时的状态，肘部不要弯曲，手腕要伸直。如果肘部弯曲，就会使挥杆的幅度变小，这样很可能导致左肩转动不足，使击球的冲击力减小。手腕若不伸直，会影响挥杆的轨迹，从而造成各种各样的失误球。屈肘屈腕是一般初学者容易出现的错误，需要特别注意。另外，保持身体左侧的主导作用也很重要。如果右臂和右手过于积极，就会造成杆面过早打开，左肩转动不足并下沉，右腋张开和左腕弯曲等错误动作，而这一系列错误动作会导致击球不稳定，初学者一定要注意这些问题。

上挥杆动作如图 3-15 所示。

图 3-15　上杆

### 3. 到达顶点

由于挥杆动作过程快，上挥杆和下挥杆两个动作之间没有明显界限，它们的转换在一瞬间完成，我们将两者转换的瞬间视为挥杆顶点。在上挥杆要完成时，左手腕保持正直，向拇指方向屈曲，拇指根部处形成褶皱，拇指指腹顶住球杆握柄，中指、无名指、小指紧握球杆，左手背朝向前上方，手背与前臂面在同一平面上，手腕没有向掌侧或背侧的旋转。左肘内侧稍朝上，右肘微向内扭转，左右两腋均轻轻贴身。左肩内转 90°，位于下颌处，指向球的右侧。身体向右扭转，右膝保持稍向弯曲，左膝向右膝靠近，躯干提起，体重主要由右足内侧支撑到达挥杆顶点。

图 3-16　顶点

如图 3-16 所示。

## （二）下杆部分

### 1. 下挥杆

下挥杆可以理解为因上挥杆而向右回旋的身体向左还原的动作。上挥杆的启动顺序为杆头、臂、肩、髋、膝，而下挥杆则恰好相反，即从下半身开始启动，带动髋、肩、杆头进入下挥杆运动（图3-17）。

以上挥杆时提起的左脚跟着地动作为开端，右膝固定，右腿用力支撑，像是构成一堵能够承受强力冲击的墙壁，使下肢被迫扭压的弹性动量和积极用力的力量向上体转移，髋部做扭转动作。左肩在下肢及髋部的力量作用下，自然向左转动，带动左臂向下拉引球杆，缩小在挥杆顶点时的左腕角度，

图3-17　下杆

杆头仍然留在上面，但身体运动的力量被迫积聚，等待着冲击球瞬间的爆发，身体重量逐渐向左侧移动，两手拉引球杆至腰部，腰部如同墙壁顶住身体动作的重量，保持身体的稳定。在下挥杆过程中，要注意保持身体的左半身领先，首先由左下肢启动，随后固定支撑，在左半身的引导下右半身自然转动，不要在开始下挥杆时过于主动使用右臂。在下挥杆过程中，身体重量要逐渐移动到左脚内侧，这样有利于左侧的固定支撑，防止力量流失。

### 2. 冲击球

冲击球动作实际上可以说是下挥杆动作的一部分。在两肩转动到与球的飞行线基本平行的瞬间，左手拉引球杆至腰部，此时，下挥杆积蓄的力量集中于手腕，在这股强大的凝聚力及下挥杆的惯性作用下，两臂继续运动，在两臂到达击球准备时的姿势时，杆头以最快的速度、最大的冲击力到达球的位置，然后飞快地从球的位置正直扫过，将球击出。在下挥杆过程中左手背逐渐朝前方，在击球的瞬间朝向目标方向，然后在一瞬间随着两肩的转动向左后方向转换；右手背则由击球时朝向目标方向转为朝向目标右前上方，右手翻转到左手上方，身体重量移到左腿，头部保持固定不动，眼睛注视球的位置。

如图3-18所示。

图3-18　击球

击球时要注意以下两个方面：

（1）击球动作是上挥杆、下挥杆动作的最终目的，因此击球的效果是由击球之前一系列动作决定的。形象地讲，整个挥杆动作实际上是一个由全身来完成的鞭打动作。挥杆时将身体的力量由手臂通过球杆传递给杆头。击球过程全身的动作按照下肢—腰—肩—臂的顺序进行，动量越聚越大，最终传递给杆头。杆头在击球瞬间的运动速度最快，冲量最大。而全身任何一个环节在任何一个时间阶段出现错误都会影响击球效果。所以，出现击球失误时，不要单纯考虑冲击球瞬间的问题，而要系统全面地考虑挥杆的各技术环节。

（2）击球时要意念集中到击打一条线或一个狭窄的区域，而不是在击打一个点。初学者在击打球时容易将意识集中于打静止的球——向某一点冲击，而这种击球意识会刺激其竭尽全力地挥杆打球，往往会导致击球失误。因为击球只是在挥杆轨迹中杆头快速运动过程中发生的。在击球前后，要使杆头朝向目标方向做低而长的直线运动，击球后杆头还要向目标方向直送出 10~15 厘米，这样才能打出好球。

### 3. 送杆

击球动作结束后，体重完全移至左腿，左腿内侧紧张，固定左膝使之不向左游移。右足后跟提起，右膝向左膝靠拢，在右腿的推动下，腰部继续向左转动。身体仍绕轴心转动，右臂逐渐取代左臂占据主导地位，在杆头的带动下，右臂伸直，牵引右肩向下巴下方运动。左手握紧球杆，左腋贴身，左上臂向上方转动，保持两臂与肩形成三角形，左手背朝向左后方，杆头向目标方向大幅度挥出。两手到达腰部位置，头部保持冲击球时瞄球的状态，两眼仍然注视击球前球的位置。

要把送杆动作看作击球的延续，不能认为已经击完球，后面的动作就无关紧要了。事实上，在打球时通过看球员击球后的顺势动作就可以判断出击球效果。进入送杆动作，首先要继续保持挥杆过程中身体转动轴的固定，身体的重量集中于左脚内侧，这样左膝就自然而然地固定住了。若体重集中到左脚外侧，就必然会导致左膝向左游移，身体重心不稳，致使结束动作不能正确完成。另外，进入送杆动作，右臂伸直，在向目标方向低而长地送出杆头的牵引作用下带动右肩向左转动。要特别注意，此时头部仍然要保持击球准备时的状态，固定不动，两眼注视击球前球所在的位置。

送杆动作如图 3-19 所示。

### 4. 收杆

收杆是整个高尔夫挥杆动作的结束。此时身体重心约有 90% 过渡到支撑脚上，随着身体转动、重心转移，另一只脚脚尖点地，脚背朝向目标方向。同时，髋关节和身体也应正对目标方向，双手握球杆从肩上背于身体后方。收杆动作最重要的一点是保持平衡。

收杆动作如图 3-20 所示。

图 3-19 送杆　　　　　　　　图 3-20 收杆

---

✐ 实训与思考

1. 简述高尔夫球运动技术的力学原理。
2. 简述高尔夫球运动技术特征。
3. 常见的握杆方式有哪种？
4. 简述高尔夫球运动的挥杆轨迹。
5. 试述高尔夫球运动挥杆技术环节及动作要领。

# 第四章

## 高尔夫球运动实战

### 本章导言

　　由于气候、自然环境和地理条件等因素的不同，每个高尔夫球场的草的类别、场内的结构、障碍设置也各不相同。即使在同一高尔夫球场内，各洞的条件如难易度、宽度、距离等也不尽相同。即使是同一洞，由于每天球洞位置的变换，难易度也随之改变。所以，球员应巧妙采用不同的战术，合理利用自然条件，充分发挥自己的技术，扬长避短，以获取优异成绩。本章对高尔夫球运动实战中影响发挥的两大因素进行了详细介绍，并提供了在不同的区域、气候、位置打球的常用实战策略。

### 学习目标

　　1. 了解影响高尔夫球运动实战效果的外界因素和内在因素。

　　2. 掌握并运用球场各区域的实战技术与策略，提高球场的技术实践能力。

　　3. 培养学生坚韧不拔、永不放弃的意志品质。

## 第一节　高尔夫球运动实战影响因素

高尔夫球运动是一项精神力量与技术控制能力相结合的户外运动。在高尔夫球运动实战中，球员会受到很多因素的影响，主要受两种因素影响：一种是外界因素，指球员在实战过程中外界给予球员不可控的因素；另一种是内在因素，一般指球员可控的因素。

### 一、外界因素

#### （一）气候环境

户外运动是高尔夫球运动的一大特点。因此在打球时，会受到气候环境的影响。如风速、风向会影响击球距离，会加大球员对选杆及方向瞄准的难度；阴雨天气会影响击球的准确性；气温过低或过高会对球员的心理和生理产生影响，从而影响技能的发挥。

#### （二）球场难度

全世界的高尔夫球场不计其数，每个高尔夫球场都不一样，各有特点，球场难度也不一样，即使是同一球场，也会因为草的长度、果岭速度或球洞位置的变化影响球员的实战水平。球场难易程度的测定是以零差点球手为准的，在其他条件保持不变的情况下，零差点球员与普通差点球员同场打球时，成绩相差越大，就表明球场难度越高；反之，成绩相差越小，就表明球场难度越小。

#### （三）他人干扰

他人干扰是指除球员以外，他人的言语、行为在球员实战过程中对其造成的影响。他人干扰可能是对手击球效果对球员的干扰，观众无意中造成的干扰，伙伴失误造成的干扰，获得错误信息造成的干扰等。

## 二、内在因素

### （一）挥杆与策略

挥杆技术是高尔夫球运动的基础，是决定高尔夫球运动表现的重要因素；策略则是在实战中如何巧妙运用挥杆技术的临场经验。两者相辅相成、缺一不可。

合适的挥杆技术能够让球员打出更远的距离、更精准的落点，提升高尔夫球运动成绩，还可以有效避免不必要的运动损伤，享受运动带来的健康与快乐。

在实战中，不同的球场、天气、击球位置、身体状态、心理状态等都需要搭配合理的策略，它能够让球员事半功倍，收获更好的实战效果。

### （二）身体素质

研究表明，增加肌肉力量与肌肉爆发力训练可以提升击球时的杆头速度，击打出更远的球距。挥杆动作由双手持杆经过身体转动，通过重心转换形成动能释放能量，整个动作的完成需要全身肌肉的协调参与。身体素质训练的目的是动员相关肌群共同做功，建立自然协调的动力定型，从而达到提高运动成绩、减少运动损伤。一般来说，优秀选手下杆动作中重心转移的时间短，下肢能更早产生最大力矩，这对力量尤其是爆发力以及协调性要求较高。手臂、手腕与肩是完成短杆、半挥杆动作的必需肌群，因此出色的上肢肌肉力量与挥杆速度可强化切球处理。

高尔夫球运动完整挥杆技术动作参与的肌群包含手臂、胸、手腕、下肢、肩膀、躯干等，这些肌肉在运动中活化程度不同，有主动做功、协同做功。因此，挥杆技术是全身的运动，要使各部位发挥完美，高尔夫球运动员需要具备较好的身体素质。

### （三）心理素质

心理素质在高尔夫球运动中非常重要。曾有人说，"打高尔夫球 80% 靠智慧与心理，20% 靠体力"。

大多数高尔夫球运动员认为在练习的时候打得很好，可是比赛成绩并不理想。如果比赛过程中有一杆没打好，却把失败归于比赛太难、运气不好或天赋欠缺等，球员则容易放弃主观努力；而若把失败归于可控的、不稳定的或内部的因素，球员就会化压力为动力，奋发图强，加倍努力，并从心理重负下解放出来。学习如何调整心态，提高心理素质是成为一名优秀高尔夫球运动员所必须做的功课。

## 第二节　高尔夫球运动常用实战策略

拓展阅读：
高尔夫球运
动实战思维
的程式化

拓展阅读：
高尔夫球运
动实战中的
心理技巧

高尔夫球运动实战策略是指球员在比赛中不违反规则，根据不同的区域、位置、天气等因素，采用最佳的方法以获取最好的比赛效果。合理的策略能够帮助球员更好地节省体能，缓解心理压力，提升自信心，从而取得最佳成绩。

### 一、发球区实战策略

高尔夫球场在设计、建造过程中，会通过增加障碍来提高球场难度和打球乐趣。所以，每个洞的第一杆即开球非常重要，开球的效果将在很大程度上影响球员的成绩和心情以及后面击球策略的选择。

下面提供三个策略，以帮助提高开球成功率。

#### （一）球杆的选择

首先应根据球技水平以及对每支球杆的熟练程度选择球杆。如果球道较窄，且落球区附近有沙坑、树林、水域或界外区等，如果球员对1号木技术不是很熟练，缺乏信心，安全起见，应放弃距离，舍远取近，选择一支球道木杆或长铁杆开球，稳定地把球落在球道上，然后选择下一杆的进攻策略。

#### （二）开球位置的选择

实践证明，界外区、罚杆区、树林等是每个球员望而生畏的地方，特别是在发球区开球时，若打进这些区域将会让人失望。所以，在发球区内要保证战术应用得当，尽可能避免将球打进这些区域。

如果在球道右侧出现罚杆区、树林或界外区，那么在架球时要把球架在发球区右侧，选定瞄准方向应为球道上偏左侧的区域，同时，站姿、击球都应以该区域为基准，这样可以避免开球失误。若罚杆区、树林或界外区在球道左侧，那么应将球架在发球区左侧，瞄准区域应为球道上偏右侧的区域。

当球员开球遇见狗腿洞时，选择好的开球位置将更有利于减轻心理压力，扩大落球区域，更好地让球落在球道上。

狗腿洞是指有明显拐角的球道，因其形状如狗腿故得名狗腿洞。通常狗腿洞分为左狗腿洞和右狗腿洞。

如图4-1所示，这是一个Par4的左狗腿球洞，球道左边有沙坑和树林，正好在第一杆的落球区，对开球威胁非常大。在这种情况下，选择一个好的开球方向十分重要。如果把开球位置放在梯台偏左，开球方向朝沙坑右边，可以让落球范围更大，降低压力，提高开球成功率。而若遇右狗腿洞，则开球位置放在梯台偏右，开球方向朝球道左边。

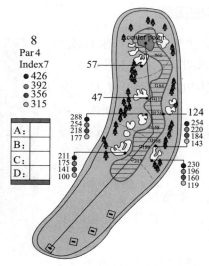

图4-1　左狗腿洞示意图

## （三）不同天气的开球策略

一般情况下，使用木杆击球时，球会架在高出杆头半个球的位置（图4-2）。如果是顺风，球可以适当架高，约超过杆头2/3个球的高度，这样球会打得更高，可以借助风力飞得更远；如果是逆风，球架在和杆头齐平的高度，这样打出去的球仰角度不会很高，飞行弹道较低，滚动较多，对距离的影响也可减少。

如果是侧风，对方向的选择就更为重要。开球的方向要偏向起风的方向，这样球就可以顺着风安全地拐回球道，距离也会有所增加。例如，在从左吹向右的侧风天气打球，应把开球方向稍瞄向左侧，当球飞行到后半程向前冲的力量减少时，球会顺着风向右边飞行。

图4-2 球梯高度

雨天或阴天，空气湿度较大，球的飞行距离将变短，开球时要考虑这些因素，可以选择大号球杆以保证击球距离。

## 二、球道实战策略

### （一）打上坡球的策略

以右手球员为例，上坡球是指对球采取站位时，左脚的位置高于右脚的状态（图4-3）。

在上坡状态，左脚的位置高于右脚，身体平衡容易被破坏，打球时无形中加大了球杆的杆面倾角，容易打出高弹道球，这样球的飞行距离必然受到影响。打上坡球的具体策略如下：

（1）站姿一般比正常站位要宽一些，且采用开放站位，站立的宽度及开放度随坡度的增大而加大。

（2）重心移到右脚上，左腿弯曲较大，以便维持身体平衡；右肩稍下沉，使两肩连

图4-3 上坡球位

线、两膝连线与地面平行；球的位置更靠近左脚，这容易打出高轨迹球。

（3）在这种状态下打球身体容易失去平衡，而导致击球失误，所以要尽量减少身体用力，保持身体的稳定性，以两臂为主导进行挥杆。

（4）握杆要稍短一些，挥杆动作不宜过大，只用四分之三挥杆即可；挥杆顶点时两手大约在后侧肩水平线上；顺势动作时两手挥至前侧肩高度；重心尽量不要移动过大；从上挥杆直至结束动作，身体重心始终保持在右

腿上。挥杆击球过程中保证身体绝对稳定，减少膝部动作，下半身保持瞄球时的状态至关重要。

（5）因为坡度的关系，击球时杆头受到的阻力很大，手握杆力度要稍微加大，以避免击球瞬间杆面在较大的阻抗作用下产生较大的左旋球。

## （二）打下坡球的策略

以右手球员为例，下坡球是指在对球采取站位以后，左脚的位置低于右脚的状态，这种状态与上坡球相反（图4-4）。

打这种球不利于后起杆动作，但易于做顺势动作，比打上坡球更难。由于是下坡打球，球杆杆面的倾角相对减小，会自然降低球的弹道高度，滚动距离相对加大。打下坡球的具体策略如下：

（1）为了维持身体平衡，打下坡球时要比正常站位稍宽一些，呈开放式站姿。

（2）身体重心主要落在左腿上，右稍弯曲，合理分配两腿的承重，以使在坡面上保持身体姿势稳定，前侧肩略低，后侧肩略高。

图4-4　下坡球位

（3）球的位置应在挥杆轨迹的最低点，靠近右脚。如果球位过于偏左，在击球时多半会打在球的顶部造成失误。坡度越大，站姿越宽，球的位置越偏右脚。

（4）握杆要短，以臂为主导进行挥杆，不能过多地利用身体。用四分之三挥杆，击球后使杆头沿着下坡进行低而长的顺势动作。结束动作以两臂挥至前侧腰的高度为宜，不用全收杆。

## （三）打"球高人低球"的策略

"球高人低球"是指对球站位以后，球的位置高于两脚位置的状态（图4-5）。打"球高人低球"的具体策略如下：

（1）身体重心放在两足中间，保证下半身稳定，为稳妥的挥杆奠定基础。

（2）站姿较直立，两脚站位较宽，站位具体宽度随坡度不同而不同，坡度越大，两脚之间的距离越大，这样既可保持身体重心稳定，又可维持身体平衡。

（3）握杆要比通常的握杆短，具体情况根据坡度的实际大小而定，坡度越大，则握杆越短。

（4）在球高人低的位置击球时，球的位置越高，越容易形成平挥式挥杆。这时一定要采用直挥式挥杆击球。上挥杆时尽可能将球杆挥至较高的位置，顺势动作时也尽量随惯性向高位置挥动，并尽可能使身体稳定。

（5）瞄球除握杆短以外，还要使球杆比正常情况更靠近身体，这样能避免平挥式挥杆的发生，且有利于控制球杆。

图 4-5　球高人低球位

## （四）打"球低人高球"的策略

"球低人高球"是指对球站位以后，球所处的位置低于两脚位置的状态（图 4-6）。打"球低人高球"的具体策略如下：

（1）采用开放式站姿站位法，即正常站位后，前侧脚保持不变，后侧脚稍向前的站立方式。对球站位的宽度随坡度的增大而加大。而且，随着球低人高坡度倾角的增大，两膝逐渐弯曲，以使身体保持稳定。

（2）球所处的位置低于两足的位置，所以容易造成身体前倾，故身体重心必须放在两足跟上，腰和臀部略后坐以保持身体平衡。

图 4-6　球低人高球位

（3）在下挥杆至顺势动作过程中，身体尽量不要有较大的移动，应保持稳定为好。

（4）握杆稍长，挥杆动作不宜过大，最好采用四分之三挥杆，挥杆时身体不得有上下起伏动作，眼睛与球之间的距离相对固定。

（5）为了保证击球的准确性，不要勉强做大幅度的挥杆动作，要以手臂为主体，做小而紧凑的挥杆击球。

### 三、沙坑区实战策略

按照沙坑在球道所处的位置，沙坑可分为球道沙坑和果岭沙坑两类。打球时，要分析沙坑的沙质、球在沙坑内的位置及状态、沙坑的深度及与球洞区之间的距离等具体情况，然后决定所使用的击球策略。

#### （一）球道沙坑击球策略

球道沙坑（图4-7）就在球道上，很可能藏在球员开球第一落点的附近，这给球员的击球增加了难度。

图4-7 球道沙坑

球道沙坑距离球洞区远，沙坑前缘较高，球一般位于沙面上，这增加了处理的难度。在沙坑中击球时，对击球的准确性要求极高，因为微小的动作变化都能导致起飞角度减小，使球碰到沙坑前缘反弹回来，造成相当大的距离损失。打球道沙坑的具体策略如下：

（1）要选好球杆，从理论上讲，根据距离选用合适的球杆。但在球道沙坑中，如果不考虑沙坑前缘的高度和球在沙坑中的位置状态，只想打出距离而使用长杆击球，这是不可取的。

（2）如果球的位置状态较好，处在沙坑前缘较浅处，可以用球道木杆或长铁杆；而处在沙坑前缘较深时，可以选用杆面倾角大的球杆，不要去想打出较长的距离。一定要根据前缘的高度和球的位置状态，决定使用木杆还是铁杆、长杆、短杆。

（3）选择略呈关闭式的站位。关闭式站位是指双脚站位的连线与目标线呈交叉的一种状态，其特点是使球的位置处于左脚跟前方偏右侧。站立时两脚一定要固定，若进入沙坑，两脚必须用力在沙面上踯踏，使两脚能在沙坑中稳定、牢固，然后可以做几次空挥动作，确认两脚是否会滑动，以保证下半身在挥杆过程中牢固、可靠，防止失误。

（4）在沙坑中的站姿要使双脚稍下陷，但不要踩得太深，如果踩得太深，将会出现球高人低的状态，所以握杆要相应握短一些。

（5）挥杆时身体不要过分用力，尽量保持身体稳定，主要以两臂来挥杆击球。因为幅度过大、过于用力的挥杆动作会使两脚不稳，整个身体失去平衡，无法打出好球。另外，身体用力过多，会造成下挥杆时右肩下沉，杆头从球的后方打入沙中，不能直接打到球，这样不但打不出好球，还有可能造成严重失误。

## （二）果岭沙坑击球策略

果岭沙坑（图4-8）又叫作球洞区护卫沙坑，它分布在球洞区周围，实质上是为增加打球时上球洞区的难度和乐趣而设置的。这些沙坑一般有2～3个，甚至更多，而且沙坑里的沙子软硬度不一样，这无疑增加了上果岭的难度。这时，球杆的选择更为重要。

图4-8　果岭沙坑

在近距离沙坑中，如果沙子比较柔软，就使用凸缘较厚，反弹角大的沙坑杆；如果沙子较硬、潮湿，或者可能有壳，就选择凸缘较薄，反弹角较小的沙坑杆。

在远距离沙坑中，如果球员还继续选用沙坑杆，将需要用全力挥杆才能将球送至旗杆附近，这样全力挥杆的风险比较大。因此，最好选择P杆或9号铁，以常规力道挥杆。倾角较小的球杆同样有足够的反弹角从球下的沙上掠过并将球救出,而且不需要太用力就可以将球打得更远。

## 四、树林中实战策略

假如球员将球打进树林区,首先要考虑如何将球解救出来。树林中球位方式多样,如图4-9所示,要根据具体情况选择应对策略。

（1）仔细观察周围有无大的出口,万不得已时将球向远离球洞区的方向打出,以确保安全。

（2）根据情况尽可能使用杆面倾角较小的球杆,若是长铁杆就要有意将球杆握短一些。站位应尽可能使球的位置偏右侧些,用手领先的姿势,采用低飞球方法将球击出。

（3）一般不要使用木杆,最好使用杆面倾角较小的长铁杆,采用小而紧凑且易于控

图4-9 树林中的球位

制挥杆动作的战术。击球距离通过挥杆幅度和击球力量来控制和调节,切勿根据距离选用球杆。

（4）要灵活机动地采取战术,若从树干之间用低球或滚动球很难将球打出,而树木较低或上方的枝干之间有空隙时,可选择较为宽大的间隙作为突破口,对球与出口之间的距离、出口的高度进行观察、分析,决定所使用的球杆。

（5）若树林整体不高,可以选用杆面角度较大的球杆,站位尽可能使球的位置偏前侧些,采用高飞球方法将球击出。

## 五、裸地与打痕实战策略

当球落到了裸地或者打痕时,球员常常会抱怨运气不好,接下来不知道该如何处理。其实,只要仔细分析球的位置状态,合理运用策略,按其规律,懂其原理还是能够处理好的。而且,这两种情况的应对策略是一样的。图4-10为打痕中的球位示意图。

图 4-10 打痕中的球位

（1）如遇这种两情况，一定要沉住气，仔细观察球位，冷静下来，采取积极的、安全稳妥的措施和战术，使球脱离困境。

（2）不管余下的距离有多远，不要盲目决定将球打远。首先要考虑如何把球从裸地或打痕中打出，并尽量争取最短的距离损失。

（3）选择比正常球位球杆还大号一些的球杆，球位偏向右侧脚，身体重心主要放在左侧腿上，杆面正对目标方向或稍内扣，击球准备时手领先，即手的位置在球的左侧上方，保持身体重心大部分由左侧腿支撑的状态，用两臂带动球杆进行挥动。

（4）下挥杆时两臂在肩的带动下向下拉引球杆，使杆头对球进行砸击式击球，整个挥杆击球动作过程要小而紧凑，确保击球准确无误。

## 六、球洞区（推杆果岭）周围实战策略

高尔夫球员要学会如何避免障碍、如何处理特殊球位，这将直接决定一场球的成绩，而提高成绩最快的方法是处理好球洞区的各种球。如果处理好了球洞区的球，就能保证下一次推击入洞，减少推击次数。因此，球洞区周围的近距离击球策略运用是否正确，直接影响打球成绩，是衡量优秀球员的重要标准之一。

以右手球员为例，近距离击球技术主要有切滚球、劈起球、高抛球。近距离击球要根据不同地形，使用不同球杆，灵活地采用不同的策略。

### （一）切滚球的实战策略

切滚球是一种使用球杆击球后，使球在空中飞行时间较短，滚动时间偏长的技术（图 4-11）。一般在 30 码以内使用切滚球。

图 4-11 切滚球技术

这种打法较安全稳妥，不易失误，被广泛使用。一般而言，球洞离球较远，且球与球洞之间有长草、推杆果岭上有较大的起伏等情况时，使用切滚球技术。

（1）根据球与球洞之间的实际情况可以使用球包中任意一支铁杆或者木杆进行切击球。

（2）一般采用开放式站姿，双脚距离较窄，重心偏左侧脚。

（3）瞄球时，球离身体较近，杆面正对目标方向，将球杆握短些，保持住肩与两臂的三角形。

（4）沿目标方向的反向延长线进行后起杆，动作幅度不宜过大，尽量让杆头不超过膝盖高度。

（5）前摆杆时手腕保持固定，球杆和手臂一致性挥动，此时杆头要正对目标方向运动，沿目标线将球送出。

## （二）劈起球的实战策略

劈起球是使用球杆击球后，使球在空中飞行时间稍长，滚动距离稍短的技术（图 4-12）。一般在球与球洞之间有沙坑、深草区或者水域区，而且这些区域又是靠近球洞区的情况下使用劈起球技术。

劈起球是基本的短杆技术，球员应该学会利用不同幅度的挥杆来控制相应的劈起距离。劈起距离因人而异，大概为 30~100 码（图 4-12）。

图 4-12　劈起球技术

　　如果球在球洞区，必须将球打上球洞区，并将落点控制在球洞附近，使球不得产生过多的滚动，此时若采用一般性打法，球下落后会向前继续滚动很长一段距离，有可能使球滚过球洞区较远的位置。而劈起球打法打出去的球弹道很高，落地不会有太多滚动，容易靠近球洞，从而减少推杆的次数。打劈起球的具体策略如下：

　　（1）打劈起球一般使用劈起杆，也可以使用杆面底部较薄的沙坑杆。

　　（2）采用稍窄一些的站位，呈开放式站姿，球的位置一般设置在两脚中间的前方，只有这样才有利于使球的飞行弹道升高，落地后的滚动距离缩短且容易停住。

　　（3）当球离球洞区不远时，不一定用全身力量打球，只需挥动两臂挥杆击球即可。

　　（4）后摆幅度不宜过大，杆头尽量不要超过后侧肩膀高度，后侧臂腋下稍贴紧；前摆杆时手腕保持固定，球杆和手臂一致性挥动，此时杆头要正对目标方向运动，沿目标线将球送出。

　　（5）顺势动作的幅度应当与后摆杆幅度一致。

　　（6）打劈起球对距离的控制和调节由后摆杆的幅度来决定。若要打远距离，则挥杆幅度需大一些；若要打近距离，挥杆幅度可小一些。

## （三）高抛球的实战策略

　　高抛球即短距离击出球，使球的弹道高，落地柔软，滚动非常少或没有滚动的技术（图 4-13）。高抛球相对劈起球技术较难掌握。

图 4-13　高抛球技术

高抛球比劈起球的飞行弹道更高，以下几种情况可以考虑采用高抛球：在球和果岭之间有沙坑、水域或树苗等障碍时；在球洞靠近果岭前方，只有很少的果岭部分，没有滚动距离时；球的位置较好，球下方有一层草皮把球托起来时。使用高抛球技术要选择大角度的挖起杆，有时还必须打开杆面来增加球飞行的高度。打高抛球的具体策略如下：

（1）只有当高抛球条件成熟时才选用这种方法。

（2）轻握球杆，打开杆面做击球准备，双手置于球的后方，可以保持高击球弹道，并避免向下击球的角度过大。站姿偏低，双脚呈开放式站姿，挥杆沿着脚尖连线形成由外而内的挥杆路径，这样的路径可以让球轻盈地向前且高飞出去。

（3）高抛球目标方向为站位和杆面之间，通常为它们的角平分线，要注意高抛球一般会有一定的旋转，所以一定要选择好瞄准方向。

（4）即使是短距离击球，仍要有信心将挥杆的长度拉长，这是打好高弹道球的基本要领。上杆刚开始的一小段距离，杆头要保持沿着双脚脚尖连线移动，接着弯曲手腕，让杆头开始向后上举，采用高挥杆形式到挥杆顶点。

（5）下杆触击时，想象着杆头前缘朝球下方的草皮削掉薄薄的一层，或者想象打水漂的感觉，击球时保持手腕不翻转，杆面朝天保持不变。

（6）杆头通过击球区时，加快挥杆速度，感觉杆头好像要将球赶出去。球被击中后轻巧地往上飞出，仿佛只要往前跑就可以在球落地前捉住它一样。击球后，身体重心停留在右侧的比例比一般击球要多些，同时采用高收杆的收杆方式来获取更高的击球弹道。

## 实训与思考

1. 简述影响高尔夫球运动实战的外界因素。
2. 简述影响高尔夫球运动实战的内在因素。
3. 发球区开球位置如何选择？
4. 简述不同天气下发球区的开球策略。
5. 什么是球高人低球，如何处理球高人低球？
6. 什么是球低人高球，如何处理球低人高球？
7. 简述球道沙坑与球洞区沙坑击球策略的区别。
8. 简述在树林中击球的策略。
9. 简述处理裸地球的策略。
10. 简述球洞区周围近距离打球的意义。

# 第五章

# 高尔夫球赛事策划与管理

## 本章导言

　　高尔夫球赛事策划在高尔夫球赛事中占有非常重要的地位，是赛事运营管理的前提和基础。本章主要介绍高尔夫球赛事的特征、分类、策划流程，以及高尔夫球赛事管理组织架构和高尔夫球赛事管理等方面的内容。

## 学习目标

　　1. 了解高尔夫球赛事的特征、分类。
　　2. 熟悉高尔夫球赛事策划的要求、流程。
　　3. 熟悉高尔夫赛事管理组织架构，以及高尔夫球赛事的球员管理、场地管理、从业人员管理、宣传管理和应急管理。
　　4. 培养组织小型高尔夫球赛事的组织和策划能力，以团队合作意识。

## 第一节　高尔夫球赛事概述

高尔夫球是一项历史悠久的体育运动，它从苏格兰牧羊人在闲暇时间进行的一种自娱自乐的户外游戏，发展成为风靡全球的户外体育运动。经过几个世纪的演变与发展，高尔夫球运动的内涵与表现形式都发生了极大的变化。

体育竞技运动是体育赛事的核心。从竞技运动的发端及历史演进来看，竞技运动是从单纯原始古朴的体育比赛形式开始的，由运动员个体或运动队和裁判员参加而完成的、唯目的性的竞技较量。随着近代西方竞技运动的兴起和现代奥林匹克运动会的发展以及政治、经济、文化和科技等领域的发展，体育竞技运动也受到了越来越大的影响，体育运动被赋予越来越多的含义，体育运动竞赛活动的内涵和外延发生了巨大的变化。人们将体育赛事界定为：一种以竞技运动为核心，以实现某种社会效益和经济效益并满足人民大众精神生活需要为目的，能够对社会、政治、经济、文化和环境等领域造成一定影响的特殊事件。

因此，本书认为，高尔夫球赛事是按照高尔夫球运动的最新规则，以满足社会和个人对高尔夫球运动需求为目的，有计划、有组织地开展的，以高尔夫球赛事为核心的特殊事件。

### 一、高尔夫球赛事的特征

任何事物的存在都有其内在本质特点和外在表现特征。高尔夫球赛事的主要特征如下：

#### （一）竞赛性

高尔夫球赛事的核心是高尔夫球比赛。它是以取胜为目的、以击球项目为内容，个人或集体根据规则进行体力、智力、心理、素养的相互较量。高尔夫球赛事的竞赛性特征，体现在通过球员的竞技过程和结果达到赛事的核心目的。高尔夫球赛事的其他构成要素围绕竞赛主题运作，通过比赛满足不同的需要，达到不同的目的。

## （二）文化性

高尔夫球运动是一种社会文化现象，本身蕴含着丰富的文化内涵，它是人类文化的重要组成部分。这项古老的运动所形成的赛事具有自己独特的文化。高尔夫球赛事的文化性是随着高尔夫球赛事发展而不断发展的。比如，四大赛中美国名人赛是每年最早举行的，并且是唯一固定在同一个球场比赛的大赛，比赛期间，球场上不设广告牌，只允许男性会员参加，其标志为绿色夹克；英国公开赛的银质"葡萄酒壶"，也成为特有的"高尔夫球"文化。

## （三）项目性

项目是一件事情、一项任务，也可以理解为是在一定的时间和一定的预算内所要达到的预期目的。项目管理是将管理知识、工具和技术应用于项目活动上，解决项目的问题或达成项目的需求。随着高尔夫球赛事高速的发展，项目管理也被引入高尔夫球赛事管理之中，高尔夫球赛事产品也因此具备了项目管理理论中项目的特征，包括明确的起止时间、明确的目标、资源配备、计划和实施等。因此，高尔夫球赛事具有项目性特征。

## （四）复杂性

高尔夫球赛事的规模、类型、水平、举办地、赛程和参加人数等都会决定高尔夫球赛事的复杂程度。特别是大型高尔夫球赛事，对举办地来说，是一项综合性的经济活动。举办大型高尔夫球赛事，往往要涉及举办地的社会、经济、文化等方方面面，也会涉及许多的关联主体。同时，高尔夫球赛事作为一种经济活动，是人流、物流、信息流和资金流的大汇集。在具体操作过程中，高尔夫球赛事所需资金可能会随环境变化而发生变化。比如，在高规格的高尔夫球比赛中，需要给球员安排特别的安保措施；同时，在相对开放的球场还要合理地安排好观众。种种不可预知的因素会给赛事运作带来挑战，都可能会影响高尔夫球赛事的顺利举办。因此，高尔夫球赛事具有复杂性特点。

## （五）目标多样性

举办高尔夫球赛事的目标，不是简单地完成一项比赛任务。一项高尔夫球赛事具有众多利益相关者，它包括高尔夫球赛事的主办方、赞助商、媒体、主办地区的相关部门、观众、球员以及赛事相关组织和工作人员等，这些利益相关者有着不同的目标，高尔夫球赛事的举办就是要满足这些不同利益群体的需求。因此，高尔夫球赛事举办的目标表现出多样性特征。

## （六）市场产品性

高尔夫球赛事蕴藏着巨大的商机。其作为一种产品，具有消费特征。高尔夫球赛事的产品包括核心产品、服务产品、有形产品和无形产品。

高尔夫球赛事的核心产品就是高尔夫球比赛。

高尔夫球赛事的服务产品是指在赛事组织运作过程中以劳动的形式为他人提供服务的产品总称，包括食宿服务、交通服务、旅游服务、广告服务以及信息服务等。

高尔夫球赛事的有形产品是指依托高尔夫球赛事开发出来的实物产品。如围绕高尔夫球赛事的标识和明星球员等要素设计开发的具有一定价值的纪念品。

高尔夫球赛事的无形产品是指围绕高尔夫球赛事的无形资源开发出来的为赛事提供某种特殊权利或收益的非实物产品。如高尔夫赛事的转播权、冠名权等。

## 二、高尔夫球赛事的分类

### （一）按比赛方法分类

根据比赛方法，高尔夫球赛事可分为比洞赛和比杆赛两大类。

#### 1. 比洞赛

比洞赛（match play）是高尔夫球运动中最古老的一种比赛方法。高尔夫球运动早期的比赛方法是通过比洞赛的方式进行的。比洞赛是球员以每一洞的成绩进行逐洞角逐的比赛方法（即每洞的杆数少者为该洞胜）。当一轮比赛结束后，获胜洞数多的球员名次列前。在比赛中，如果比赛双方以相同的杆数打完一洞，则该洞为双方平分；如果球员获胜的洞数已多于待打洞数，则该球员本轮比赛获胜。如今世界范围的各项高尔夫球赛事中，比洞赛仍然是经常采用的比赛方法，如欧美选手之间对抗的顶级赛事莱德杯，世界各国选手与美国选手对抗的总统杯，世界高尔夫球锦标赛系列之一的埃森哲比洞锦标赛等。另外，四大满贯赛事之一的 PGA 锦标赛在 1958 年之前也实行比洞赛制，但从 1958 年起改为比杆赛。

目前，高尔夫球比洞赛主要包括个人比洞赛、四人二球比洞赛、四球比洞赛、三人两球比洞赛、三人三球比洞赛等方法。

### 2. 比杆赛

最早的高尔夫球比赛采用比洞赛的方法，但是随着高尔夫球赛事参赛球员不断增多，比洞赛已经无法同时满足大量的球员参赛，并且比洞赛也不能客观准确地计算出每个球员的比赛成绩。为了满足大量的球员参赛并能够客观、准确地计算每一个球员的成绩，出现了一种以球员完成 18 洞总杆数计算成绩的比赛方法。

比杆赛最早出现在英国，是为解决比赛人数多且必须在一天内完成比赛而专门采取的比赛方法，因此它也叫一日制比赛方法。比杆赛的采用不仅解决了比赛参赛人数多的问题，还促使高尔夫球运动的竞赛方式发生了重大变革。比杆赛大大降低了比洞赛决定胜负的偶然性，使高尔夫球比赛更加公正和客观，这大大推进了高尔夫球运动的整体发展，促进了球员技术水平的提高。目前，比杆赛成为职业高尔夫球比赛通常采用的比赛方法。

比杆赛（stroke play）是以一轮比赛（18 洞）的总杆数，决定球员的成绩。在职业高尔夫球比赛中，通常情况下一次比赛是在标准的 18 洞球场进行 4 轮或数轮比赛，以比赛累计的总杆数成绩判定参赛球员的名次。由于计分形式不同，比杆赛赛制还有定分式比赛、封顶赛和标准杆比赛 / 波基赛。所有的比杆赛赛制都可以分为各球员单独参赛的个人比赛和由伙伴组成的参赛方的四人两球赛或四人四球赛。

高尔夫球杆数的计算方法如下：

标准杆（Par）：球洞所规定的杆数。

小鸟球（Birdie）：比标准杆少一杆入洞。

老鹰球（Eagle）：比标准杆少两杆入洞。

信天翁球（Albatross）：某一洞的成绩比标准杆低三杆，在美国称为双鹰球（Double Eagle）。

柏忌球（Bogey）：比标准杆多 1 杆入洞。

双柏忌球（Double Bogey）：比该洞标准杆多两杆入洞。

双标准杆（Double Par）：两倍标准杆。

## （二）按组织形式分类

根据高尔夫球赛事的组织形式，我们通常把高尔夫球赛事分为高尔夫球巡回赛、高尔夫球锦标赛、高尔夫球公开赛、高尔夫球邀请赛、职业 - 业余配组赛。

### 1. 高尔夫球巡回赛

高尔夫球巡回赛是指竞赛组织者根据事先确定的竞赛时间与顺序、在不同高尔夫球场、按照所规定的比赛方法进行分站比赛的组织形式。高尔夫球巡回赛分职业和业余两种，男子职业巡回赛通常采用四轮 72 洞比杆赛的方法，女子职业巡回赛则一般采用三轮 54 洞比杆赛的方法。高尔夫球巡回赛是目前世界范围内最基本的赛事活动。职业高尔夫球员通过参与高尔夫球巡回赛，能够取得奖金并获得相应的积分，体现高尔夫球职业球员技术水平及竞技能力。

现在世界范围内有多个男子、女子职业高尔夫球巡回赛，每个巡回赛都有相对固定的基础区域，如美国巡回赛基本在美国举行，欧洲巡回赛基本在欧洲举行，亚洲巡回赛基本在亚洲地区举行，但这并不排斥巡回赛在其他地方举办赛事，如美国巡回赛和欧洲巡回赛在亚洲地区都有自己的赛事。一个巡回赛如果在其他巡回赛的基础区域举办比赛，应该得到当地巡回赛的认可。所以，这就是无论美国巡回赛还是欧洲巡回赛，如果在亚洲地区举办就必须得到亚洲巡回赛或者同一亚洲巡回赛认可的原因。

### 2. 高尔夫球锦标赛

高尔夫球锦标赛是指按照组织者所制定的比赛方法，为比赛中获胜个人或团体授予比赛奖品（如奖杯、奖牌、奖金等）的竞赛组织形式。根据比赛的性质，可以把高尔夫球锦标赛分为职业与业余两种。

一般来讲，职业高尔夫球锦标赛竞技水平高、社会关注度高、影响力大，如美国名人赛、汇丰冠军赛、世界高尔夫球锦标赛、球员锦标赛，阿布扎比锦标赛等，都属于职业锦标赛。

业余高尔夫球锦标赛是由非职业球员参加的赛事活动，但是，有些竞赛在竞赛规程上有些特殊规定，如允许职业球员参加职业业余配对赛。比较著名的高尔夫球锦标赛事有亚太业余锦标赛、亚洲业余高尔夫球锦标赛、美国业余高尔夫球锦标赛、澳洲业余大师赛、中国业余高尔夫球希望赛等。

### 3. 高尔夫球公开赛

高尔夫球公开赛是指对于参加比赛球员的资格开放，在高尔夫球竞赛规则下进行比赛的组织形式。由此可以看出，高尔夫球公开赛的最大特点是对于参赛的球员身份没有限制，但是业余球员参加比赛必须符合赛事组织者的报名条件，并且业余球员不能获取任何比赛奖金。比较著名的高尔夫球公开赛有英国公开赛、美国公开赛、沃尔沃（VOLVO）中国公开赛、新加坡高尔夫球公开赛、香港高尔夫球公开赛等。

### 4. 高尔夫球邀请赛

高尔夫球邀请赛是指竞赛组织者选择球员参加高尔夫球比赛的组织形式。有的高尔夫球邀请赛以企业或产品冠名、具有商业性质，如中国联通"精彩在沃"杯高尔夫球邀请赛、凯美瑞高尔夫球邀请赛、中行杯高尔夫球邀请赛、梅赛德斯高尔夫球邀请赛等；有的邀请赛以培养青少年为目的，如两岸青少年高尔夫邀请赛、张连伟杯国际青少年高尔夫球邀请赛、中韩青少年邀请赛等；有的以展示大学生风采加强学校及学生交流，如中国大学生高尔夫邀请赛。高尔夫球邀请赛的种类繁多，目的各异，比赛的形式多样，在日常生活中最为常见。

### 5. 职业－业余配组赛

职业－业余配组赛一般与业余球员的差点有关，各国的职业赛通常在正式比赛前一天，会举办一场职业与业余球员配组的比赛，即一位职业球员与两三位业余球员配成一组而进行的比杆赛，旨在让业余球员观摩、学习职业球员，也是职业球员正式开赛前的热身活动。为避免初学者或球技差的球员影响打球进程，一般都限制一定的差点，符合条件者才可以参加。在许多国家，参加此种职业－业余配组赛的人必须支付一定的费用。比赛通常采用净杆数赛，且每组各洞以业余球员中最佳杆数为该洞的成绩，职业球员负责记录杆数。在我国，公开赛前也常有职业－业余配组赛，一般不必付费，主办方会邀请政商界人士及社会人士参加，旨在作为一种公开的公关活动。

### （三）按照高尔夫球赛事规模和性质分类

#### 1. 高尔夫球职业赛

高尔夫球职业赛是指国际、国内或地方高尔夫球管理组织机构举办的正式比赛，设有一定额度奖金，通常由高尔夫球职业运动员和专业从业人员参与，优胜劣汰，自负盈亏。一般来讲参加职业赛者，除要求取得职业球员资格外，还需先取得一些职业赛所定的资格才能参赛，如世界六大巡回赛；业余球员具备一定资格或获得特定机构推荐者亦可以参加职业赛。目前很多国家都有自己的职业赛，这类赛事具有国际重大影响，且市场价值比较大，因此所需的资金来源要有一定的保证。

#### 2. 高尔夫球业余赛

高尔夫球业余比赛仅设奖杯或奖牌及奖品，供业余球员参加比赛。一般以激发大众高尔夫球运动意识、普及高尔夫球运动知识、开展健身活动等为目的的群众性高尔夫球赛事，如美国业余赛、英国业余赛、中国业余锦标赛、"海峡杯"高尔夫球队际赛等。参赛球员虽为业余球员，参赛资格较为宽松，但英、美业余赛，洲际业余赛，分龄业余赛均采用总杆赛，不用差点。

#### 3. 高尔夫球商业赛

高尔夫球商业比赛一般是指高尔夫球管理组织机构通过企业资金和冠名赞助，并以营利为目的而组织的各种高尔夫球赛事。如别克邀请赛、尼桑公开赛、NEC邀请赛、雷诺公开赛、克莱斯勒精英赛、迪拜沙漠精英赛等。

### （四）按照高尔夫球赛事级别分类

#### 1. 国际性比赛

国际性高尔夫球比赛一般是指由国际高尔夫球运动组织管理机构或国家与国家之间举办的世界性赛事，如美国名人赛、英国公开赛和世界杯赛。

#### 2. 国家性比赛

国家性高尔夫球比赛是指由国家级高尔夫球运动组织管理机构举办的赛事，如美国业余锦标赛、新加坡公开赛。

#### 3. 地区性比赛

地区性高尔夫球比赛是指由某区域性高尔夫球运动组织管理机构举办

的高尔夫球赛事，如华东六省高尔夫球业余公开赛、上海地区精英赛、湖南"三湘杯"邀请赛。

#### 4. 俱乐部会员赛事

高尔夫球俱乐部会员赛事是指由某高尔夫球俱乐部组织本俱乐部会员与其家属参与的各类高尔夫球赛事，如黄山高尔夫球俱乐部会员赛、上海虹桥高尔夫球俱乐部别墅会员邀请赛等。

### （五）按照比赛的竞技形式分类

#### 1. 个人赛

个人赛一般分为男子和女子个人赛两种形式，如美国男子职业高尔夫球锦标赛、日本女子职业巡回赛、观澜湖世界高尔夫球明星个人赛。

#### 2. 队际赛

队际赛是团体比赛，与个人赛中彰显个人成绩不同，这种比赛形式更突显集体拼搏的精神。世界主要的职业高尔夫球队际赛有莱德杯、世界杯、总统杯、索尔汉杯等。

## 第二节 高尔夫球赛事策划

高尔夫球赛事策划技术性、细节性极强，作为赛事管理者，要统筹和组织好各项有关工作，全局把握和控制赛事，首先要做好赛事的策划工作。

### 一、高尔夫球赛事策划概述

高尔夫球赛事策划是规划、设计和管理高尔夫球比赛的过程。这个过程包括选定比赛场地、制定比赛规则、安排赛事日程、招募参赛者、与赞助商合作、宣传和营销等方面。高尔夫球赛事策划的目的在于明确高尔夫球赛事的方向，减少不确定因素的干扰和冲击，同时，为未来高尔夫球赛事的运行设定控制的标准。

### （一）高尔夫球赛事策划的意义

#### 1. 提高赛事的专业性和影响力

一项成功的高尔夫球比赛需要专业的赛事策划，从而确保所有工作得到妥善安排。一系列高效的策划是赛事举办成功的关键，也是提高整个赛事专业性和影响力的必要步骤。

### 2. 增强比赛的商业价值和吸引力

高尔夫球比赛是一个极具商业价值和吸引力的项目。好的赛事策划可以帮助主办方把比赛打造成为品牌，并且吸引更多赞助商和广告商的支持，增加比赛的商业价值和吸引力。这不仅有助于提高比赛的知名度和参与人数，还可以为主办方带来可观的收益。

### 3. 提高选手的竞技水平和比赛质量

高尔夫球比赛是一个训练和挑战的过程。在良好的赛事策划下，球员可以在高水平比赛中获得全面的锻炼和训练，提高竞技水平和比赛质量。这也会吸引更多的优秀球员参与比赛中来，使得比赛更加激烈和精彩。

### 4. 促进发展地方经济和旅游业

高尔夫球赛事策划可以促进发展当地的经济和旅游业。一些著名的比赛通常会吸引大量的游客和参观者前来观看比赛，并且在周围地区消费，这将为当地商家带来巨大的经济效益。

### 5. 提高社会文化影响力

高尔夫球是一项具有积极社会文化影响力的运动。通过良好的赛事策划，可以为更多的人提供了一个了解、学习和参与这项运动的机会，还有利于培养人们的团队合作精神和责任感，提高社会文化影响力。

## （二）高尔夫球赛事策划的要求

### 1. 制定切实可行的竞赛规程

当一项高尔夫球赛事确定后必须制定竞赛规程。竞赛规程是赛事策划的重要组成部分，是指导一次具体比赛的法规文件，是竞赛组织者和参加者必须共同遵循的法则。竞赛规程的主要内容包括竞赛名称、时间、地点、各项目竞赛规程、参赛资格、比赛方式（采用的竞赛规则和赛制）、仲裁委员会的组成和有关的参赛经费要求等。

### 2. 科学安排赛事进度

在高尔夫球赛事的组织管理实践过程中，时间安排一般是通过高尔夫球赛事进度表来呈现的，高尔夫球赛事中各项具体工作任务是依据赛事进度表中的时间指令统一进行的。因此，高尔夫球赛事进度表的合理性、可行性直接决定时间安排的合理性、科学性以及赛事风险的大小。

高尔夫球赛事进度表的合理性与制定过程中的任务分解和时间预估有密切关系。任务分解是将整个高尔夫球赛事分解成若干个组成部分。任务分解的关键在于全面充分地挖掘高尔夫球赛事举办所需完成的各个单项任务，并为其预留合理的工作时间；然后在评定预估完成每个单项所需工作时段数的基础上，统计完成整个赛事组织活动所需的时段数。

### 3. 制订合理的财力资源管理计划

高尔夫球赛事的举办需要资金支持，财力资源管理主要包括筹资和支出两部分。高尔夫球赛事筹资是高尔夫球组织运行的重要财力保障，筹资渠道包括政府和高尔夫球组织的资助、竞赛表演服务及其无形资产的销售以及社会捐助等。高尔夫球赛事支出包括比赛场地租用，运动员、教练员和裁判员的差旅和食宿费，组织管理者、裁判员、设备管理者的劳务支出，开幕式及文化活动支出，安全、通信、设备维修以及比赛期间交通等方面的支出。

## 二、高尔夫球赛事策划前期的准备工作

在进行高尔夫球赛事策划前，要进行相关的准备工作，如确定目标受众，做好赛事市场调研，寻求赞助商和合作伙伴，制定营销策略以及确立赛事安保服务工作。

### （一）目标受众

在市场定位和推广策略上，需要明确高尔夫球赛事目标受众。之前高尔夫球是一项精英化运动，其主要受众群体是白领和商业精英。随着高尔夫球运动的发展，尤其是智能化高尔夫球运动、高尔夫练习场的普及，高尔夫球作为一项休闲体育运动，越来越受到人们的喜爱。在面向青少年和大众普及高尔夫球方面，通过青少年扶持计划、公益活动等方式为高尔夫球运动的发展和推广打下基础。

### （二）赛事市场调研

在举办高尔夫球赛事之前，需要进行全面的市场调研，了解目标受众的需求和偏好，找到合适的赛事场地和赛事时间，并确立赛事的宣传和推广策略。赛事市场调研需要关注以下几个方面：

#### 1. 场地选择

高尔夫球场的质量对于赛事的顺利进行有着重要的影响，需要选择保

证球场条件、环境和设施完善的场地进行比赛。

**2. 赛事时间**

赛事时间需要考虑天气、季节等因素，确保球员比赛和观众观赛的舒适度。

**3. 竞争对手**

需要了解同类赛事的市场情况，竞品分析有利于制定有效的营销策略，提高赛事的影响力和知名度。

**4. 观众需求**

针对目标受众的年龄、兴趣、文化背景等进行针对性的市场调研，了解他们的需求和偏好，为其提供更好的观赛体验。

## （三）赞助商和合作伙伴

高尔夫球赛事需要吸引赞助商和合作伙伴来支持和参与，赞助商和合作伙伴不仅可以为赛事提供更强大的资金和资源支持，还能够为赛事带来更广泛的宣传和关注。在寻找赞助商和合作伙伴时需要注意以下几点：

**1. 重视品牌价值**

需要选择具有良好知名度、符合精神内涵的赞助商和合作伙伴，以保证赛事品质。

**2. 充分沟通**

在和赞助商、合作伙伴洽谈时，需要充分理解对方的需求和意愿，确保合作双方达成共识，形成稳定的合作关系。

**3. 寻找多元化合作伙伴**

高尔夫球赛事可以针对不同领域的企业和机构寻找合作伙伴，如航空公司、旅游业、酒店、汽车，以提高赛事的品牌影响力和知名度。

## （四）营销策略

高尔夫球赛事的成功举办离不开有效的营销策略，通常运用电视、报纸杂志、新媒体等进行宣传和推广。制定营销策略需要考虑以下几个方面：

**1. 制订有效的推广计划**

在赛事前期就要确定推广计划，可通过电视、新媒体等媒介推出相关广告，合作商家限时优惠，推送新闻稿件等方式展开宣传。

## 2. 打造线上社区

在社交媒体等渠道建立线上高尔夫球爱好者社区，定期发布有关高尔夫球运动和赛事的动态，并与粉丝互动，增强品牌影响力。

## 3. 丰富比赛内容

通过安排嘉宾表演、摆放展示商品、高尔夫球体验等多种方式吸引观众和粉丝，提升游客在赛事现场的价值。

### （五）赛事安保服务

必须重视高尔夫球赛事的安保服务，需要保证球员、观众和工作人员的安全和秩序。在安保服务方面需要做好以下工作：

## 1. 制定安保方案

需要针对赛事场馆的情况制定相应的安保预案，包括人员、财物、信息等方面的保护措施。

## 2. 安排专业力量

需要雇用专业的安保服务团队，进行安全检查和现场保障，保证赛事的安全和秩序。

## 3. 加强流程管理

要加强对入场观众的身份验证和行李检查，确保赛事场馆的安全。

## 三、高尔夫球赛事策划流程

### （一）确立目的

确定高尔夫球赛事策划的目的非常重要，它将指导整个策划过程，并确保活动达到预期效果。确定举办高尔夫球赛事的目的一般包括以下流程：

## 1. 明确活动背景

了解赛事主办方为何举办高尔夫球赛事，是以推广品牌、提升形象、增加会员数量为目的，还是其他目的。

## 2. 目标设定

根据活动背景确定具体的目标，如吸引多少参赛选手、吸引多少观众、提高多少知名度、达到多少媒体曝光等。目标应该是具体的、可衡量的、可实现的。

### 3. 目标分解

将整体目标细化为多个具体的子目标，如吸引一定数量的赞助商、提供出色的球场设施、组织专业的球员和裁判团队等。

### 4. 受众分析

确定目标受众，了解他们的特征、兴趣和期望。考虑不同受众群体的需求，以便在策划过程中针对性地设计活动。

### 5. 竞争分析

研究同类赛事活动和其他竞争对手，了解他们的成功经验和不足之处。这有助于确定差异化策略和创新点，以赢得目标受众的关注。

### 6. 资源评估

评估赛事主办方可用的资源，包括预算、场地、人力、时间等。确保目标与资源之间的匹配，以便合理安排活动。

### 7. 制定目的陈述

根据以上分析，撰写明确简洁的目的陈述，概括活动的核心目标和意义。这将成为策划团队和参与者共同努力的方向。

## （二）确定名称

确定名称，就确定了比赛的性质和形式，就可以指导其他方面工作的开展。俱乐部举办的比赛，主要有邀请赛、例赛、联谊赛、商业比赛、专业比赛几种。俱乐部本身的庆祝活动，如开业庆典、周年庆典、节日庆典等，多采用邀请赛的形式；会员月赛、俱乐部杯赛等，则属于例赛；有一些地方高尔夫球协会或其他组织牵头召集组织的，又或俱乐部与俱乐部，俱乐部与其他机构、组织、公司之间的，或者各球队之间比赛，可以叫作联谊赛或对抗赛；主办方在俱乐部举办的，有冠名、有支付费用的，则为商业比赛；专业比赛是指正规的业余赛事或职业赛事，发起组织的一般为官方或官方授权机构，名称由主办方来确定。总之，比赛名称一旦确立，比赛的范围、形式、要求，甚至费用支出的划分，也基本明确了。

## （三）确定日期

比赛日期的确定，要考虑各种因素，否则，会影响整个比赛的效果。一般应该考虑以下影响因素：

（1）打球的旺季、淡季。如需要考虑参赛人数是否足够，举办赛事是否对俱乐部的正常运营造成影响，比赛期间俱乐部人流量大不大等。

（2）当地季节的天气是否适宜比赛，特别注意避免在台风和雨季，尤其是寒冷、草坪休眠或者返青初期季节等举行比赛。

（3）选择平日还是节假日。这不仅与俱乐部营业收入有关，还与主要参赛人员的情况有关，不同的参赛对象对是否在节假日举行比赛有决定性作用。

（4）球场的订场情况是否跟俱乐部会员或者团队订场冲突。

（5）注意适当利用和回避固定庆典节日。

（6）是否有足够的准备时间。特别要考虑一些物品的制作需要时间，时间要留有余地，太过仓促可能会造成某些物料不能到位或质量达不到要求。

（7）品牌的延续性。比如有些赛事就确定在每年的固定月份，或者每个月的第几个星期几，一般不会发生变化。这样可以方便球员做出时间安排，还能增强赛事品牌的公众认知。

（8）特别邀请的嘉宾能否参赛，还要考虑重要机构如官方协会、赞助商等方面的嘉宾的时间安排。

### （四）确定参赛人员

哪些人参加比赛，要有多少人参加，是整个比赛的基础。参赛人员有些是邀请的，有些是指定的，有些是一个特定范围内的。不同的参赛目的，不同的比赛形式，就有不同的参赛对象。如庆典邀请赛主要是各级高尔夫球协会领导、高尔夫球协会相关联的机构、企业人士等；商业比赛和专业比赛一般由主办方邀请或指定；新产品推广活动如会籍推广活动，主要是潜在客户和媒体，还有中介机构等；会员例赛就只有会员和其携带的嘉宾可以参加。

在一个18洞标准场举行比赛，一般参加人数以不超过120人为宜，还要考虑场地大小、球童、球车数量、人流速度等因素。参赛人数过多，不仅会给俱乐部各项设备设施造成压力，而且会造成疏散延滞，打球缓慢，快慢差异太大等状况，这容易让参赛者产生不满，不能达到预期效果。

### （五）编列赛事程序

一项赛事活动，细分是有许多程序的，这些程序的时间、地点、参加人、方式方法等，要详细列出来，让各部门有章可循，使比赛能进入实质性的筹备阶段。在赛事程序计划上除列出以上提到的信息外，还包括：签到时间、地点；开球时间、地点，开球仪式等；比赛赛制，执行的规则；奖项设置；就餐时间、地点；颁奖时间、地点；其他活动（媒体见面会）或仪式（欢迎晚宴）的时间、地点、方式和流程等。

### （六）做好预算

赛事预算源于上文的赛事决策内容，做预算的时候要注意以下两个事项：

#### 1. 预算要全面，尤其是不要漏项

可根据赛事程序把所有环节都整理一遍，把所有的收支环节一一排列出来，包括现金结算的、签账冲抵的和内部记账的，都一一罗列清楚。因为预算需经过层层审批之后方可执行，一旦漏项，再去申请的程序会很麻烦。当赛事预算确定后，非特殊情况不增加临时费用。

#### 2. 预算要力争准确

将各个事项分开预算，越细化就越能接近准确值。

完成以上几项，就等于完成了一个赛事的决策过程。赛事管理者在这个过程中起的作用是决定性的，所有赛事文件都要亲自阅读或者编写，要尽可能了解每项细节，逐一审定，为后续工作打下一个良好的基础。

## 第三节　高尔夫球赛事管理

### 一、高尔夫球赛事管理组织架构

高尔夫球赛事管理组织架构一般包括赛事委员会、赛事组织者、赛事裁判、赛事营销与推广、现场服务、数据分析、技术支持、客服等部分，它们各司其职，共同推动高尔夫球比赛顺利进行，并为选手和观众提供良好的参赛和观赛体验。高尔夫球赛事管理组织架构通常会因比赛的类型和规模而有所差异，但其核心功能是相似的，如制定比赛规则、安排比赛赛程、协调资源、促进营销等。

#### 1. 赛事委员会

高尔夫球赛事委员会是负责整个赛事的规划和管理的重要部门。赛事

委员会由赛事主办方成立，负责制定赛事规则、赛程安排、奖项设置等事宜。他们需要与赛事组织者紧密合作，确保整个赛事的顺利进行，并且需要根据参赛者的反馈和市场需求调整规则和赛程等方面的设计。

### 2. 赛事组织者

赛事组织者是赛事的实际策划者和执行者。他们需要负责场地租赁、设备准备、志愿者招募等工作，确保各项赛事工作顺利进行。同时，他们需要在整个赛事期间与各部门保持密切联系，及时协调解决问题。

### 3. 赛事裁判部门

赛事裁判部门是保证比赛公平、合规的重要部门。他们需要对比赛过程进行监督，并制定裁判标准及工作流程、裁判选拔并培训裁判员，以确保每个参赛者都能够公平地接受裁判的判决。

### 4. 营销与推广部门

赛事的宣传和推广是吸引观众和赞助商的重要途径。营销与推广部门需要负责赛事宣传、营销及赞助商招募等工作，将整个赛事打造成一个有影响力且备受关注的活动。他们需要与媒体和公众保持密切联系，以便更好地传递赛事信息和吸引更多的参与者和观众。

### 5. 现场服务部门

现场服务部门负责现场的接待、安保、餐饮等服务工作。他们需要确保场地的安全性，通过提供服务来满足参赛者和观众的需求。同时，他们需要保持与其他部门的紧密协作，以便更好地满足整个赛事的各项需求。

### 6. 数据分析团队

数据分析团队是负责收集、整理和分析比赛数据，并为参赛者和媒体提供相关的统计数据和分析报告。他们需要使用高科技手段对数据进行分析和处理，从而为赛事评估和未来的赛事规划提供依据。

### 7. 技术支持部门

技术支持部门负责场地的设施维护、电子计分系统的搭建与运维、直播技术支持等工作。他们需要对赛事所需的设备进行管理和维护，以确保设备在比赛期间正常使用。同时，他们需要具备高超的技术能力，能够解决和应对各种可能出现的技术问题。

### 8. 客服部门

客服部门负责参赛者和观众的咨询、答疑及服务，维护良好的赛事形象。他们通过电话、电子邮件或社交媒体等方式为参赛者和观众提供全方位的服务支持，并且保持开放和亲切的态度和沟通方式。通过这样的方式，有助于建立积极的赛事品牌形象，吸引更多人参与和关注赛事。

## 二、高尔夫球赛事的球员管理

高尔夫球赛事的球员管理在整个赛事的管理和组织中起着至关重要的作用。球员管理涉及球员的选拔、注册、排名、奖励、道德规范、合同管理以及赛事安排等方面的工作。一个良好的球员管理系统可以确保赛事的公平性、竞争性和可持续性发展。

球员选拔是球员管理的核心环节之一。高尔夫球赛事通常有入场门槛，球员需要通过一系列的选拔赛或排名赛获得参赛资格。这些选拔赛可以根据球员的技术水平、积分排名或资格赛等方式进行。选拔赛的公平性和透明性是保证球员整体水平的重要因素，可以通过明确的规则和标准来确保。

球员注册是球员管理的关键环节之一。在高尔夫球赛事中，每位参赛球员都需要进行注册，以确保球员的身份和资格的合法性。注册过程通常需要球员提供个人信息、职业资格证明和健康检查等相关材料。球员注册的目的是建立一个统一的球员数据库，便于赛事组织者进行球员管理和通信联系。

球员排名是球员管理的重要环节之一。高尔夫球赛事通常会根据球员的成绩和积分来进行排名。排名可以根据不同的赛事级别和组织机构而有所不同，如世界排名、地区排名和俱乐部排名。球员排名既是对球员成绩的评价，也是球员参加不同级别赛事和获得奖励的依据。球员排名的准确性和权威性对于球员个人发展和参赛机会的分配至关重要。

另外，奖励体系是球员管理中的重要组成部分。高尔夫球赛事通常会设置一系列的奖项，奖项可以包括赛事冠军、亚军、季军以及最佳新人、最佳球队等，并对各奖项设置一定数额的奖金。奖励体系应该公平、公正，并且有一定的激励机制，以鼓励球员提高技术水平和竞争力。

此外，道德规范和合同管理也是球员管理的重要方面。球员作为职业运动员，应该遵守道德规范和职业道德准则，包括公平竞争、无使用兴奋剂、尊重对手和裁判等，同时球员与赛事组织者之间通常有一定的合同关系，合同涉及参赛费用、权益保障、宣传和形象权利等方面，需要双方共同遵守和履行。

赛事安排是球员管理的重要内容之一。赛事安排涉及赛事日程、比赛场地、球员出场顺序、组别划分等。赛事安排应该合理、公正，并且有利于球员的参赛和发展。赛事组织者应该充分考虑球员的时间和健康等因素，合理安排比赛日程，确保球员的身体素质和竞技状态。

除了上述提到的核心环节，球员管理还需要密切关注球员的个人发展和福利保障。赛事组织者可以提供培训和辅导机会，帮助球员提高技术水平和竞争力。同时，球员的福利保障也是球员管理的重要内容，包括健康保险、退休金、职业发展等方面的福利待遇，以确保球员的权益和福祉得到保障。

另外，球员管理还需要与媒体和赞助商进行密切合作。赛事组织者可以与媒体合作进行直播和报道，提升赛事的曝光度和影响力，为球员提供更多展示自己实力的机会。同时，赛事组织者也需要与赞助商合作，为球员提供更多的赛事机会和奖金激励，进一步促进高尔夫球赛事的发展和球员的职业化进程。

总的来说，高尔夫球赛事的球员管理涉及球员选拔、注册、排名、奖励、道德规范、合同管理以及赛事安排等多方面的工作。一个良好的球员管理系统可以确保赛事的公平性、竞争性和可持续性发展。同时，球员管理还需要关注球员的个人发展和福利保障，并与媒体和赞助商进行合作，提升赛事的影响力和球员的职业发展机会。通过这些努力，可以推动高尔夫球赛事的持续发展，并为球员提供更好的发展平台和机会。

## 三、高尔夫球赛事的场地管理

维护一个高品质的球场需要考虑场地维护、设备准备、环境保护和安全管理等多个方面。

### （一）场地维护

草坪是高尔夫球场重要的组成部分之一，球场的整体品质和球员的游戏体验与草坪的质量密切相关。因此，草坪管理是球场管理中重要工作之一。

#### 1. 划分不同区域

一般而言，球场划分出球道、果岭、绿化地带等区域，而这些区域的草坪质量有所不同。球道通常采用低割草，绿色浓郁，起伏不大，给球员提供稳定、可预测的打击表面；果岭则需要超短割草地面实现高速滚球并保证平整度；绿化地带则需要更多的自然野趣，保证草坪的枝叶蓬勃生长，并为维护生态平衡作出贡献。根据球场的不同区域，需要采取不同的草坪管理策略。

### 2. 定期修剪和施肥

定期修剪草坪非常关键，这可以有效保证草坪整体光滑、平整且具有一致性和可预测性。每个球道、果岭和其他区域都应按照特定的规范进行定期修剪。同时，草坪还需要经常施肥，以确保长势和养分供应。草坪养护是一个持久的过程，通常需要连续几周或几个月定期进行施肥和修剪才能达到某种理想状态。

### 3. 做好病虫害防控

草坪病虫害是草坪管理中的一个重要问题。对于高尔夫球场，常见病虫害包括白粉病、鼠妇草黑点病等。草坪管理人员需要及时发现和处理草坪病虫害，采取合适的措施进行防止和控制，以保证草坪的质量。

## （二）设备准备

### 1. 定期检查和维修设备

定期检查和维修高尔夫球场设备非常重要，因为设备长时间运转后，可能存在损毁或者老化的情况。球车需要保持电池充电、车轮正常，球洞和标识牌需要定期清理、更换。球杆也需要定期更换，以保证球员的使用体验。保持设备的完好和正常使用，可以为球员提供更加舒适的体验，增强他们对球场的满意度和忠诚度。

### 2. 调整球洞位置

球洞的位置会对球的落点和进攻策略产生直接影响。因此一些高水平的球场会经常调整球洞的位置，让球员更有挑战性和变数感。球洞的调整需要精心准备和安排，必须确保球员的使用安全。

## （三）环境保护

高尔夫球场是一个绿地，自然环境为球场赛事带来很多优势。因此，环境保护是球场管理中不可或缺的一部分。

### 1. 垃圾处理

球场管理人员需要定期清理球场上的垃圾和废弃物，并进行分类处理，确保球场整洁干净。球员也应该积极参与垃圾分类和环境保护工作。

### 2. 水质保护

高尔夫球场通常会有湖泊和溪流等水源，这些水源扮演着重要的生态角色。球场管理人员必须对这些水源进行有效的监测和维护管理，避免受到污染或其他有害影响，但必须切实保护环境。

### 3. 营造良好的生态平衡

高尔夫球场环境具有很高的自然价值，其处于不断的生态发展过程之中，良好的生态环境是最合适的休闲背景。球场管理人员应该采取措施实现可持续性环境保护，在建设规划和管理中注重生态环境保护，营造良好的生态平衡。

## （四）安全管理

安全是高尔夫球赛事场地管理中重要工作之一。在比赛期间，必须确保球员和观众的安全，防止意外发生。

### 1. 安排专业安保人员

比赛期间需要安排专业安保人员负责监管和维护场地内的秩序，以避免球员之间或者球员和观众之间发生冲突。安保人员还要制订紧急行动计划，确保在紧急情况下能够及时应对。

### 2. 注意天气变化

高尔夫球场位于户外，天气变化对比赛往往有着不可忽视的影响。因此，球场管理人员需要时刻关注天气变化，提前做好准备，安排紧急救护人员和现场医务工作人员，准备必要的救援设备和药品，确保在紧急情况下能及时进行处理。

### 3. 制定安全策略

在比赛中，球场管理人员需要依据比赛规则制定和执行合理的安全策略，确保比赛公平有序。同时，球场管理人员还需要向球员和观众提供必要的比赛信息和安全提示。

在高尔夫球场管理中，草坪质量、设备维护、环境保护和安全管理等方面是不可或缺的。保持球场整洁干净，定期修剪草坪，定期检查设备，营造优美的生态环境和制定合理的安全规则，是保证高尔夫球赛事场地管理质量的关键。

## 四、高尔夫球赛事从业人员管理

高尔夫球赛事从业人员管理对于比赛的顺利开展和成功运营至关重要，主要包括赛事组织委员会、赛事裁判团队、赛事志愿者以及与赛事相关的专业人员等。

### （一）赛事组织委员会

在高尔夫球赛事中，赛事组织委员会负责筹办和管理赛事的各项事务。赛事组织委员会通常由赛事主办方、赞助商、高尔夫球协会和当地政府等组成。赛事组织委员会需要专业的管理团队，包括总监、项目经理、财务人员、行政人员等。他们负责赛事的筹备工作，如场地选择、赞助商招募、预算编制、协调赛程安排、公关宣传、物流运作等。赛事组织委员会需要高效地协调和管理各个部门，确保赛事顺利进行，并满足各方的需求。

### （二）赛事裁判团队

裁判团队在高尔夫球赛事中起着重要的角色，负责赛事执裁，确保比赛公平、规范的进行。裁判团队由裁判长、裁判员和赛事秘书组成，他们必须具备高水平的专业知识和丰富的裁判经验。裁判团队需要熟悉高尔夫球竞赛规则，并能够在比赛中快速和准确地作出判断。赛事组织者需要负责培训和鉴定裁判团队，以提高裁判的水平和质量。

### （三）赛事志愿者

志愿者也是高尔夫球赛事中不可或缺的一部分。志愿者可以提供各种支持和服务，如接待咨询、球员接待、场地维护、比分记录、球队服务等。赛事组织者需要有数量合适的志愿者团队，并为他们提供必要的培训和指导，使他们能够熟悉赛事流程和要求。志愿者管理需要有具体的计划和安排，包括招募、培训、排班、工作考核和感谢回馈等。

### （四）与赛事相关的专业人员

与赛事相关的专业人员也是高尔夫球赛事从业人员管理的重要组成部分，包括球场管理人员、医疗团队、安保人员、交通管理人员、摄影师、记者等。赛事组织者需要与专业服务机构合作，确保这些人员具备专业的技能和资质，并能够提供高质量的服务。他们负责球场维护、紧急医疗救援、安全保障、赛事报道和媒体宣传等方面的工作。赛事组织者需要与这些人员保持密切沟通和协作，确保各项服务顺利进行。

## 五、高尔夫球赛事宣传管理

高尔夫球赛事的宣传管理对于提升赛事知名度、吸引观众和赞助商的参与以及增加赛事的影响力至关重要。

### （一）赛事宣传管理的重要性

赛事宣传的主要目的是提高赛事的知名度。通过有效宣传，可以让更多的人了解赛事及其各种相关信息。赛事组织者可以通过电视、广播、报纸、杂志、新媒体等渠道宣传赛事。此外，赛事组织者还可以与媒体合作，开展采访和专访，增加赛事的曝光度。

赛事宣传的另一个重要目的是吸引更多的观众和赞助商。观众的参与和支持可以为赛事增加观赏价值和氛围。赛事组织者可以通过举办推广活动、推出门票优惠和奖品、开展互动体验等方式来吸引观众。赞助商的资金和资源可以为赛事提供大量的支持和宣传。赛事组织者可以通过宣传方式向潜在赞助商展示赛事的影响力和商业价值，吸引他们的参与。

### （二）赛事宣传管理的具体措施

第一，制订全面的宣传计划。赛事组织者需要在赛事筹备阶段制订详细的宣传计划，确定宣传目标、目标受众、宣传内容和宣传渠道。宣传计划应该包含各种宣传活动和措施，并具体到不同的时间节点和推广阶段。

第二，选择适合的宣传渠道。高尔夫球赛事的宣传可以通过多种渠道进行，如电视、广播、报纸、杂志、新媒体等。赛事组织者需要根据目标受众的特点和偏好选择适合的宣传渠道，最大限度强化宣传效果。如赛事组织者可以利用社交媒体平台，开展赛事的宣传和互动活动，通过发布赛事相关的内容、图片和视频，引起大家的关注和参与。

第三，开展新闻发布和媒体合作。与媒体进行密切合作是赛事宣传的重要手段。赛事组织者可以定期发布新闻稿件、开展新闻发布会，向媒体提供最新的赛事信息和动态。同时，与媒体建立良好的合作关系，提供专访、采访和报道机会，扩大赛事的曝光度。

第四，举办推广活动和互动体验。赛事组织者可以结合赛事进行推广活动和互动体验，以吸引更多观众的参与。例如，举办高尔夫球体验活动，邀请大众来亲身感受高尔夫球的乐趣；举办签名会或明星球员互动活动，让观众有机会近距离接触并与球员互动；开展赛事周边活动，如展览会、娱乐表演等，丰富观众的赛事体验。

## 六、高尔夫球赛事应急管理

### （一）应急管理的内容

高尔夫球赛事的应急管理是确保比赛安全和顺利进行的重要环节。应急管理包括预防、应对和恢复三个阶段。

**1. 预防阶段**

在这个阶段，赛事组织者需要制定详细的应急预案和安全操作规程。预案应包括应急培训和演练、场地安全评估、交通管理、人员疏散和医疗急救等方面的内容。赛事组织者应与相关机构和专业人员合作，评估场地安全风险，并采取适当的安全措施。此外，赛事组织者还需要培训工作人员和志愿者，使他们了解应急程序和相关安全知识，以能够迅速应对紧急情况。

**2. 应对阶段**

在比赛进行中可能发生各种紧急情况，如天气突变、观众骚乱、球员受伤等。赛事组织者需要设立一个应急指挥中心，负责监控比赛场地和周边情况，及时作出反应和决策。在有需要时，应急指挥中心应与警方、医疗团队和其他相关部门进行联络，协调应对紧急情况。赛事组织者还应提供足够的应急设备和资源，如急救箱、灭火器、应急通信系统等，以支持应急处置工作。

**3. 恢复阶段**

一旦紧急情况得到控制，赛事组织者需要及时评估损失，并进行恢复和重建工作。这可能包括修复场地设施、处理赛事日程调整、安抚受影响的球员和观众，以及与赞助商和媒体进行沟通和协调。同时，赛事组织者还应进行事后总结和评估，以从中吸取经验和教训，改进应急预案和安全措施，提升赛事的应对能力和安全水平。

除了上述措施，高尔夫球赛事的应急管理还需要与相关机构和专业人员进行合作，建立紧急通信渠道和联络机制。赛事组织者应与当地警方、医疗机构、消防部门和交通管理部门等建立良好的合作关系，确保在紧急情况下能够得到及时的支持和协助。

## （二）应急管理的具体措施

高尔夫球赛事的应急管理是确保比赛安全和顺利进行的重要环节。通过制定预案、培训工作人员、设立应急指挥中心以及与相关机构合作，高尔夫球赛事的应急管理能够有效地预防和应对各种紧急情况。具体措施如下：

### 1. 风险评估和预警

赛事组织者需要进行综合的风险评估，识别潜在的安全隐患和危险因素。针对性地制定相应的预防措施，并关注天气预警等信息，以便及早采取行动。

### 2. 应急通信系统

建立健全的应急通信系统，包括应急联络人员、通信设备和联络方式等，保障及时传递紧急情况信息和指示。

### 3. 员工和志愿者培训

组织培训活动包括事前培训和演练，提供应急预案的知识和操作技能，并强调应急疏散、急救等重要环节。

### 4. 应急设备和资源准备

准备必要的应急设备和资源，如急救箱、灭火器、急救车辆、应急通信设备等。确保设备和资源完好可用，并及时更新和维护。

### 5. 紧急疏散和逃生计划

制订详细的疏散和逃生计划，并进行演练和指导，确保球员、观众和工作人员在紧急情况下能够及时、有序的疏散。

### 6. 协作与沟通

建立与相关机构和部门的紧急协作机制，如与当地警察、医院和交通管理部门进行合作，确保在紧急情况下能够及时获取支持和资源。

### 7. 宣传和警示

通过赛事宣传和警示标识，向球员和观众传达安全预防信息和行为指引。在球场和比赛现场设置标识、警示牌和紧急出口指示，提醒人们注意安全。

**8. 事后总结和改进**

每次赛事结束后，进行事故分析和总结，评估应急管理的有效性和改进空间。不断完善应急预案，并调整措施和培训以应对不断变化的风险和挑战。

在应急管理过程中，赛事组织者应注重与观众、球员和工作人员之间的沟通和协作，及时传递相关信息和指示，以确保应急过程的有效进行。同时，也要与媒体进行紧密合作，及时传递信息，避免不必要的恐慌和误解。

高尔夫球赛事的应急管理是确保比赛安全和顺利进行的重要环节，可以有效预防和应对各类紧急情况，保障参与者和工作人员的安全，并最大限度地减少潜在的危害和损失。应急管理需要赛事组织者始终保持警觉，不断改进和完善，以确保高尔夫球赛事的顺利进行和参与者的满意度。

## 实训与思考

1. 简要说明高尔夫球赛事的特点。

2. 高尔夫球赛事中比洞赛和比杆赛有什么区别？

3. 简述高尔夫球赛事策划的意义。

4. 高尔夫球赛事策划的前期一般都需要进行市场分析，那么主要从哪些方面进行？

5. 简述高尔夫球赛事的策划流程。

6. 简述从哪几个方面对高尔夫球赛事进行管理。

# 第六章

# 高尔夫球俱乐部经营与管理

## 本章导言

　　高尔夫球俱乐部是随着高尔夫球运动的发展而出现的，它将那些自发的无序打球活动纳入一个有计划、有组织的管理轨道，同时也成为人们体验和感受高尔夫球运动的平台。高尔夫球俱乐部的产生与发展，受到不同时期社会发展的经济、文化等因素的影响。本章主要介绍高尔夫球俱乐部的类型、产生和演变、特性和功能，以及高尔夫球俱乐部经营与管理方面的主要内容。

## 学习目标

　　1. 了解高尔夫球俱乐部的产生和演变，熟悉高尔夫球俱乐部的特性、类型和功能。

　　2. 熟悉高尔夫球俱乐部经营的主要内容，掌握高尔夫球俱乐部的经营模式。

　　3. 熟悉高尔夫球俱乐部管理的发展历程、职能，掌握高尔夫球俱乐部管理的组织结构。

　　4. 掌握高尔夫球俱乐部服务的主要内容及特点。

## 第一节 高尔夫球俱乐部概述

高尔夫球俱乐部是从娱乐俱乐部体系中分化出来的一种俱乐部形式。在现代社会中，它是运动、休闲、交流的平台。高尔夫球俱乐部的出现，正好适应了人们生活的需要，它是集竞技、文化、休闲、交流和经营于一体的经济服务实体。同其他企业一样，高尔夫球俱乐部有着企业战略、经营决策、市场营销以及生产、设备、物料、人力、信息、财务、企业文化和形象的管理。

### 一、高尔夫球俱乐部的定义

#### 1. 俱乐部

俱乐部为拥有某种共同兴趣的人聚集在一起进行社会交际、文化娱乐等活动的团体和场所。俱乐部作为人类文明进展中的一种文化现象，最早起源于英国。但是，对这种古老的社会文化至今并没有一个统一的认识。

俱乐部早期较为流行的形态是咖啡厅文化。17 世纪，英格兰的 Calves Head Club（1693 年）和 Green Ribbon Club（1675 年）是对政局影响较大的两家咖啡厅。当时以咖啡厅为交流纽带的团体主要有两个特征：一是团体成员之间没有任何财务关系，即不存在费用关系，每个人在尽了成员义务和责任后，不需要用钱币去支付晚餐；二是没有固定的俱乐部场所，但小团体会选择一家较为特别的咖啡厅作为总部。

17 世纪是英国社会结构发生变化的时期，因为工业革命的影响，贵族地位骤降。他们被剥夺了城堡，拥有的田地收入不断减少，他们无法忍受门可罗雀的境况，便四处相邀集结资金，寻找合适的地点建立可供王公贵族聚会联谊的场所。此时的俱乐部采用会员制，但因招收对象仅限于特定职业或专门人员，因此会员人数并不多，性质也主要是让贵族消磨时光、重拾往日荣景。当时的俱乐部主要是发挥联谊、休闲和社交的目的，如果拥有充足的空间，会员便可享受打高尔夫球、骑马等活动。这一时期英国没落贵族建立的小型俱乐部，为 18 世纪高尔夫球俱乐部的诞生埋下了伏笔，但受时代所限，他们建立的俱乐部没有固定的场所。

现代的俱乐部一般是由企业经营者出面组织，会员在自愿、互助、互惠的基础上自主参加，并有相应的权利和义务的自由协会或团体。

### 2. 高尔夫球俱乐部

目前，人们对高尔夫球俱乐部的定义也没有一个统一的认识。高尔夫球俱乐部作为西方早期社会发展衍生出来的文化现象，有着特定历史环境背景下的文化特质。早期的高尔夫球俱乐部是具有相同社会地位、财富、身份以及热爱高尔夫球运动的贵族阶层自愿组成的，他会共担成本，具有一定私密性，是小规模、非营利性的社会团体组织。而现代的高尔夫球俱乐部既有早期俱乐部的历史文化基本特征，如会员制、私密性、小规模等，也有现代高尔夫球运动产业文化发展的经济特征，如商业化经营、科学化管理。因此，现代高尔夫球俱乐部的内涵和外延，已经远远超越了早期高尔夫球俱乐部的社会发展范畴。

所以，高尔夫球俱乐部是以高尔夫球运动为基础而建立起来的，为满足人们进行社交、娱乐、运动、旅游等需求的社会团体或场所。

## 二、高尔夫球俱乐部的类型

### （一）按经营的开放程度划分

按经营的开放程度来划分，高尔夫球俱乐部有以下三种类型：

纯会员制高尔夫球俱乐部：只对会员及嘉宾开放的高尔夫球俱乐部，不接待访客。

半开放式高尔夫球俱乐部：服务会员和嘉宾的同时，接待访客或接受高尔夫球旅游中介公司预订的高尔夫球俱乐部。

全开放式高尔夫球俱乐部：不采用会员制的运营模式，完全对访客开放的高尔夫俱乐部，可能开发年卡、季卡或各类充值卡、优惠卡，甚至发售每年限定打球次数的长期消费卡，但不销售具有完全会员资格的终身会籍。

### （二）按高尔夫球场的相对位置划分

按高尔夫球场的相对位置来划分，高尔夫球俱乐部有以下三种类型：

市内高尔夫球俱乐部：指球场处于市区内的高尔夫球俱乐部。

城郊高尔夫球俱乐部：一般指球场位于郊区，但距离市中心 1 小时车程之内的高尔夫球俱乐部。

乡村高尔夫球俱乐部：一般指球场远离城市，距离市区 1 小时以上车程的高尔夫球俱乐部。

## 三、高尔夫球俱乐部的产生与演变

### （一）高尔夫球俱乐部的产生

据资料记载，高尔夫球俱乐部的出现距今 290 多年。有文字记载的高尔夫球运动大约出现在 1457 年，其发源地为苏格兰东海岸沙滩的牧地。1735 年世界上第一个高尔夫球俱乐部在苏格兰成立，现称为爱丁堡高尔夫爱好者荣誉团体（Honoural Company of Edinburgh Golfers）。1744 年成立的绅士高尔夫爱好者俱乐部，是有据可考的最古老的高尔夫球俱乐部。1754 年，苏格兰小镇圣安德鲁斯成立高尔夫球手协会。1762 年，由 22 个贵族和绅士组建了圣安德鲁斯高尔夫球俱乐部，这是历史上第一家私人俱乐部，被誉为高尔夫球运动的"麦加圣地"。一个多世纪以来，圣安德鲁斯俱乐部掌管着全球除美国和墨西哥以外的高尔夫球运动规则，具体组织和运作英国公开赛和其他一些重大赛事，至今它仍是世界高尔夫球运动的顶级领导机构。

### （二）高尔夫球俱乐部的演变

高尔夫球俱乐部的演变可以划分为以下三个阶段：

**1. 起步形成阶段（12 世纪初至 18 世纪中叶）**

12 世纪初，苏格兰牧羊人在放羊时用牧羊棍打击石子取乐。一次偶然把石子击入远方的兔子窝里，顿时他觉得这种"击石入窝"的游戏非常吸引人，妙趣横生，兴味盎然。之后，就经常约伙邀伴一同玩嬉，并得到了人们的喜爱和欢迎，这种活动逐渐流行了起来。据说，这就是高尔夫球运动的雏形。因此，既谈不上草地的管理，也无高尔夫球运动规则的限制，一切均在无拘无束下进行。高尔夫球英文为 GOLF，这个词最早出现在 1457 年苏格兰议会文件中。

随着这项运动的开展，得到了许多上层人士的喜爱，参与人数也越来越多。1457 年，苏格兰一度禁止高尔夫球运动。1501 年，禁令取消，高尔夫球运动再度兴起。1682 年，苏格兰皇室发起了高尔夫球赛事。1735 年，成立了世界上第一个高尔夫球俱乐部——"爱丁堡高尔夫球友会"。1744 年，对后世影响很大的"Gentlemen 高尔夫球友会公司"宣布成立，它有自己的固定活动场所，即爱丁堡附近的 Leith Links 球场。Gentlemen 高尔夫球友会公司成立标志着高尔夫球俱乐部初步形成，它将过去自然状态下自发的、无人管理的、无序打球的活动逐渐纳入一个有组织、有计划、有管理的轨道。

### 2. 初步发展阶段（18世纪中期至19世纪末）

随着高尔夫球运动的进一步普及和发展，以往杂乱无章、自发自愿的打球方式带来了一系列的问题，如打球场地的限制、打球顺序和打球标准等，这需要有威望的组织来解决。基于此背景，1754年成立了圣安德鲁斯高尔夫俱乐部，它首先制定了打球规则。由于苏格兰皇室的参与，辅之以行政手段，使得该球会渐渐在高尔夫球界取得了领导地位，其制定的打球规则成为当时高尔夫球赛事的准绳。就在今天，还在沿用这些规则，而且圣安德鲁斯市每年吸引着数以万计的高尔夫球运动爱好者。

### 3. 迅速发展阶段（20世纪初至今）

高尔夫球俱乐部从苏格兰扩散到世界各地经历了一个比较漫长的时期。高尔夫球运动从英伦三岛传入美国，经过将近150年的时间。高尔夫球运动传入美国后迅速发展，尤其是1940—1950年美国高尔夫球俱乐部发展急剧膨胀，被称为高尔夫爆炸时代。第二次世界大战结束后，美国高尔夫球俱乐部进入高速发展期。20世纪80年代以后，高尔夫球运动在亚洲发展迅速，特别是日本。目前全球共有4万多家高尔夫球俱乐部，约10%分布在北美洲，25%分布在欧洲和澳洲，5%分布在日本。中国一共有400多家高尔夫球俱乐部。美国是全球拥有高尔夫球俱乐部最多的国家，现有高尔夫球俱乐部2万家左右。

## （三）高尔夫球俱乐部在中国的发展

### 1. 成长阶段（20世纪中晚期）

1984年8月24日，由霍英东、郑裕彤等出资创建的中国第一个高尔夫球场——中山温泉高尔夫乡村俱乐部对外开放，成为新中国成立后第一座高尔夫球场。同年12月，北京国际高尔夫俱乐部正式立项。1985年11月26日，深圳高尔夫俱乐部正式开业。1987年6月，北京国际高尔夫俱乐部正式对外开放。1990年8月，第一个由中国人自己设计、建造、管理的高尔夫球俱乐部——北京乡村高尔夫俱乐部开业，开创了中国自营高尔夫球场的先河。1992年12月，深圳观澜湖高尔夫俱乐部成立。1998年，深圳名商高尔夫俱乐部建成18洞灯光球场，成为中国第一家可供夜间打全场的高尔夫球场。

## 2. 发展阶段（21 世纪初期至今）

2001 年 4 月 18 日，全国第一家航空港高尔夫球场——深圳航港高尔夫球场正式开业，引领和倡导了高尔夫球场用地的灵活性与多元化。2004年 5 月 26 日，吉尼斯世界纪录组织首席特派专员斯蒂尔·纽波特宣布，深圳观澜湖高尔夫球会以 180 洞 10 个球场的规模成为世界第一大高尔夫球俱乐部。2007 年深圳市政府决定，在深圳建立三个公众高尔夫球场，同年 11月，全国第一家公众高尔夫球场——龙岗公众高尔夫球场正式开业，为推动深圳乃至中国高尔夫球运动大众化迈出了第一步。2010 年 3 月 22 日，别克中国高尔夫球俱乐部联赛首场分区赛南一区分区赛在海南兴隆康乐园高尔夫球会举行。2011 年 9 月 28 日，中国高尔夫球俱乐部年会暨第十二届全国高尔夫球会总经理联谊会在海口观澜湖球会召开。来自全国各地的高尔夫球俱乐部董事长、总经理就中国高尔夫球运动的健康、可持续发展以及如何深入推动中国高尔夫球运动普及等话题展开深入交流与探讨。

## 四、高尔夫球俱乐部的特性

无论早期高尔夫球俱乐部，还是当代市场经济环境下的高尔夫球俱乐部，始终都是一种有着共同兴趣与爱好的社会个体进行交流与沟通的社会载体。社会经济与文化的不断发展，加速了高尔夫球俱乐部的完善与发展，高尔夫球俱乐部在形式与内容方面都在不断地变化，并形成了独特的性质，概括如下：

### （一）普遍性

高尔夫球俱乐部作为俱乐部文化的延伸，同其他行业俱乐部一样，也具有共同的特性。

#### 1. 服务性

服务性是高尔夫球俱乐部作为休闲产业的一种独特的特性。俱乐部从业人员的主要工作是提供服务，服务品质会直接影响俱乐部的形象，而会员的满意度是俱乐部存在和发展的决定因素。人是俱乐部发展的基石，所以，俱乐部的服务特征也更为明显与突出。

#### 2. 综合性

高尔夫球俱乐部是以球会友，集休闲、度假、观光、娱乐、养身于一体的综合性休闲场所。同时，可以提供与高尔夫球运动相关的综合又专业的服务与讯息，全方位为顾客提供服务。

### 3. 私密性

高尔夫球俱乐部是通过会员自己管理的方式，实现会员之间的相互交流与沟通。因此，高尔夫球俱乐部的规模通常是按照俱乐部的承受能力、投资成本估算等要素，得出俱乐部会员人数的基数以及会籍价格。在此条件的制约下，可以看出高尔夫球俱乐部的会员数量越少，俱乐部私密性也就越高。

### 4. 娱乐性

高尔夫球运动作为现代竞技运动的组成部分，不仅具有一般竞技运动的特点，还具有健康娱乐、户外消遣等休闲运动的特征。因此，高尔夫球俱乐部为其会员或其他消费者所提供的产品，也是紧紧围绕高尔夫球运动的竞技性、娱乐性而专门设计的服务内容。

### 5. 开放性

高尔夫球场是人们交流、交友、交际的活动场所，是一个信息互动平台。人们热衷在球场穿行，边打球、边交流，既锻炼身体、旅游观光，又能交朋结友，还能交流业务等。在高尔夫球俱乐部还会举办各种论坛、会议。

## （二）特殊性

### 1. 地域性

高尔夫球运动是一项受地域环境影响较大的运动，特别是高尔夫球场的建设，草皮的生长与维护。这样，不同地域的高尔夫球俱乐部会根据其地理环境，设置不同形态的俱乐部。因此，全球的高尔夫球场各具风格。

### 2. 季节性

高尔夫球俱乐部具有明显的季节性特征，也因此高尔夫球俱乐部出现淡旺季之分。如在我国北方冬季寒冷、气温变化比较大，不适宜户外运动。所以，不少北方高尔夫球爱好者往往选择在冬季前往南方的球场打球、度假，高尔夫球俱乐部的经营受季节性影响较大。

### 3. 商品无法储存性

优质的服务是俱乐部明显的特征之一，俱乐部提供的服务是无形的，可以感知和记忆，却不能变为实体。例如，你内心感受到俱乐部提供的独特体验，却无法将这份体验像实体商品那样卖给他人。

### 五、高尔夫球俱乐部的功能

随着社会经济的发展，高尔夫球俱乐部早期的定义范围不断被延伸与拓展，高尔夫球俱乐部的功能也随之发生了变化。

#### （一）社交功能

高尔夫球俱乐部以高尔夫球运动为主要活动内容，借助高尔夫球比赛活动发挥其良好的社交功能。众多的高尔夫球运动爱好者聚集在一起，他们的年龄、职业等不同，但有着共同的爱好，俱乐部是他们交际的平台。高尔夫球俱乐部的社交功能实际上是中世纪欧洲社会发展背景下"绅士文化"主导作用的结果。早期高尔夫球俱乐部创立的初衷是人们将打高尔夫球作为一种有别于其他社会交往的手段。因此，无论早期高尔夫球俱乐部，还是现代市场经济与多元文化交融背景下发展的高尔夫球俱乐部，都以满足高尔夫球运动爱好者或消费者的社会交往需求为主要功能，它是高尔夫球俱乐部最为显著的功能体现。

#### （二）娱乐功能

高尔夫球俱乐部娱乐功能的主要表现形式是高尔夫球比赛、旅游观光等。高尔夫球运动是极富休闲价值的户外运动，当人们把高尔夫球运动作为一种休闲生活方式时，实际上是将高尔夫球的运动属性与休闲娱乐属性相结合，并且将这两种结合转化成为健康生活的方式。高尔夫球运动作为体育运动的组成部分，体现了运动的身体文化。通过运动的体验，感受运动的快乐与愉悦。高尔夫球俱乐部一般融合了球场、住宿以及其他娱乐设施，是集运动、娱乐于一体的休闲场所。轻松愉快的休闲娱乐方式，也是高尔夫球俱乐部最具特色的功能价值。

#### （三）经济功能

高尔夫球俱乐部是营利性组织，其经济功能体现在高尔夫球俱乐部建设的各项投资，高尔夫球俱乐部的赛事策划与经营，高尔夫球俱乐部的管理咨询、技术研发、媒体宣传等方面；还体现在高尔夫球俱乐部的运营对服务业、通信业、信息业、金融业等方面的影响，以及高尔夫球俱乐部的建设和发展对城镇投资环境的改善作用，对旅游业、第三产业等方面发展的带动作用等。

### （四）文化功能

高尔夫球运动强调传统的文明礼貌、绅士风度和自律精神，倡导选手与观众同乐，选手与观众同行，这体现了高尔夫球运动文化的独特性。高尔夫球俱乐部是传播高尔夫球文化的重要平台。高尔夫球俱乐部提供了一个集运动、锻炼、休闲、沟通和交流于一体的平台，有助于形成特色文化、提升城镇形象、营造社会和谐氛围。

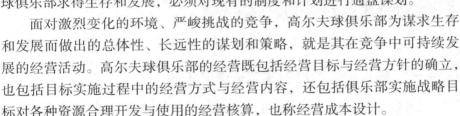

随着社会经济的不断发展，高尔夫球俱乐部面临着不少挑战，高尔夫球俱乐部经营服务遇到更多、更复杂的问题。在复杂多变的环境中高尔夫球俱乐部求得生存和发展，必须对现有的制度和计划进行通盘谋划。

面对激烈变化的环境、严峻挑战的竞争，高尔夫球俱乐部为谋求生存和发展而做出的总体性、长远性的谋划和策略，就是其在竞争中可持续发展的经营活动。高尔夫球俱乐部的经营既包括经营目标与经营方针的确立，也包括目标实施过程中的经营方式与经营内容，还包括俱乐部实施战略目标对各种资源合理开发与使用的经营核算，也称经营成本设计。

拓展阅读：
互济会

拓展阅读：
美国高尔夫球协会对于高尔夫球俱乐部的界定

### 一、高尔夫球俱乐部经营的主要内容

高尔夫球俱乐部经营的要素是俱乐部投入生产经营过程中的各种资源，它们是高尔夫球俱乐部进行正常经营运作和服务活动必不可少的客观条件和物质基础。高尔夫球俱乐部经营的主要内容如下：

### （一）高尔夫球场

对任何高尔夫球俱乐部而言，高尔夫球场是最基本的要素，它是进行高尔夫球运动的基础，一般有高尔夫球练习场和标准高尔夫球场。高尔夫球场的位置和规模决定了它的经济价值，对高尔夫球俱乐部的经济效益起着决定性作用。高尔夫球场管理内容主要包括高尔夫球场草坪管理、高尔夫球场出发台和巡场管理等。

## （二）高尔夫球会所

高尔夫球会所是高尔夫球俱乐部接待、办公、管理以及后勤供应的场所，是高尔夫球俱乐部对客户服务的中心，也是整个高尔夫球俱乐部运营的枢纽。高尔夫球会所的主要功能是会员预订、前台接待、信息咨询与消费指引、球包行李寄存运送、会员事务处理、受理宾客投诉、维护大堂秩序等。总而言之，高尔夫球会所是俱乐部的"窗口"，其经营水平与服务质量，直接影响俱乐部的社会效益和经济效益。

## （三）高尔夫球会籍

高尔夫球会籍是通往高尔夫球俱乐部的通行证。会籍销售与管理是高尔夫球俱乐部营业后的一项重要工作，是俱乐部回收投资成本的关键一步。对顾客而言他们购买的是使用球场及其配套设施的权利；而对高尔夫球俱乐部而言是俱乐部为会员进行全方位周到服务的依据。

## 二、高尔夫球俱乐部经营模式

高尔夫球俱乐部主要采用会员制经营，常见的经营模式有以下四种：

## （一）私人设施会员制高尔夫球俱乐部

私人设施会员制高尔夫球俱乐部只为会员和其所带嘉宾服务。这类俱乐部在西方国家比较常见，苏格兰约四分之三的俱乐部为私人俱乐部。英国以拥有知名俱乐部的会员资格来体现其社会地位，所以高尔夫球俱乐部仍然是西方国家重要的社交场所之一。俱乐部的建造成本和经营费用由会员分担，会员每年支付多少费用由俱乐部管理委员会（理事会）决定。俱乐部从经营盈余中按一定程度预留一部分，通常是 10%，作为将来的基础建设费用。这种类型的俱乐部通常拥有土地和建立在其上的设施，土地可能是购买的或是租借的。正常情况下俱乐部按照非社团协会的形式构成，是由私人组成的组织，不以营利为目的，所以没有税收。尽管一些俱乐部通过抵押和会员有限责任并按照责任有限公司的形式组成公司（俱乐部具有单独的法律身份，即独立法人），但不能进行利润分配。如美国奥古斯塔高尔夫俱乐部就属于纯私人性质的高尔夫球俱乐部。中国尚没有此类高尔夫球俱乐部。

### （二）商业设施会员制高尔夫球俱乐部

商业设施会员制高尔夫球俱乐部是由个人或公司投资建造、经营，以营利为目的的高尔夫球俱乐部。西方国家早期的商业设施会员制高尔夫球俱乐部主要由酒店公司、房地产公司投资兴建。我国早期的俱乐部主要由中外合资、外商独资兴建。20世纪90年代开始，我国的高尔夫球俱乐部主要由民营企业投资兴建。俱乐部一般配有别墅，设施配套比较齐全、精致。

我国商业设施会员制高尔夫球俱乐部又分为两类：一类是完全封闭型的会员制俱乐部，只接待会员和会员嘉宾；另一类是半封闭型的会员制俱乐部，同时接待会员、会员嘉宾和散客。目前我国绝大多数高尔夫球俱乐部为半封闭型。俱乐部发展会员只是让他们提前购买消费的权益，会员购买的会籍种类不同，所享受的消费内容也不同。商业性俱乐部经营过程中，在不断提升俱乐部品质的同时，要经营好球场周边环境，使俱乐部成为高尔夫球运动爱好者的休闲度假圣地。

### （三）无设施高尔夫球会员俱乐部

这类俱乐部没有自己的球场设施，其叫法也不尽相同，有些称俱乐部，有些称协会，有些称管理公司。它们组织会员在不同的俱乐部打球或以组团形式旅行打球。苏格兰有这种俱乐部280多家，其中一些俱乐部拥有自己经营的会所，但大部分没有自己的会所，而是通过商业公司来提供设施的。

圣安德鲁斯高尔夫球俱乐部有会员2 000多名，是苏格兰最大的高尔夫商业管理集团。它没有自己的高尔夫球场，但参与了林克斯信托管理委员会和管理公司的重大管理活动，并代替政府管理6个球场设施。它每年主办许多具有国际影响力的锦标赛，如英国公开赛、业余公开赛和沃克杯，并有可观的收入，对世界各地高尔夫球行业产生了积极的影响。另外，它还能根据需求选择赛事场地。

我国从2000年开始也引入这种理念，目前这类俱乐部数量不少，打球范围遍及全国，有些甚至延伸到国外一些俱乐部，如全球通VIP高尔夫俱乐部、朝向高尔夫管理有限公司。

### （四）公众高尔夫球俱乐部

公众高尔夫球俱乐部也称市政俱乐部，是由政府投资建设、政府管理、服务社区公众的一种高尔夫球运动设施，一般是地方政府利用城市周边的荒山荒地、垃圾填埋场而建。公众高尔夫球俱乐部专为市民开放，不销售会籍。在苏格兰，公众高尔夫球俱乐部所占比例达 14%，如圣安德鲁斯镇有 6 个公众球场，其中最著名的当属圣安德鲁斯球场，它拥有超过 600 年的历史，是世界高尔夫球锦标赛的举办地。球场因其天然的沙坑、独特的风格和著名的球洞如 Hell、Strach 和 Road Hole 而备受推崇。我国的龙岗公众高尔夫球场、深圳光明高尔夫球会、深圳云海谷高尔夫球会属于公众高尔夫球俱乐部。因为俱乐部是政府出地建造，俱乐部只收取球场养护费和会所运作费用，所以俱乐部的消费相对较低，主要向本地居民开放，其所有权属于地方政府。

## 第三节　高尔夫球俱乐部管理

高尔夫球俱乐部经营者依据俱乐部自身的资源环境，最大限度地合理配置与使用俱乐部的人力资源与财力资源，以实现俱乐部既定的市场经营目标。高尔夫球俱乐部管理是对俱乐部的生产经营活动进行组织、计划、指挥、监督和调节等一系列职能的总称。从管理对象来分，高尔夫球俱乐部管理分成业务管理和行为管理。业务管理更侧重对组织的各种资源的管理，如财务、材料、产品等相关的管理，而行为管理则更侧重对组织成员行为的管理。

### 一、高尔夫球俱乐部管理的发展阶段

高尔夫球俱乐部管理经历了无人管理、传统管理、科学管理和现代管理的 4 个管理发展阶段，具体如下：

#### 1. 无人管理阶段

这个阶段是从 12 世纪初到 18 世纪中叶，经历了 600 多年。这一阶段高尔夫球运动或球场是在无人管理的自然草地上进行的无序运动。人们在天然牧场上进行高尔夫球运动，既谈不上草地的管理，也无高尔夫球规则

的限制，一切均在无拘无束的状态下进行。

1744 年，世界上第一个高尔夫球俱乐部爱丁堡高尔夫球友会在苏格兰成立。1744 年，爱丁堡高尔夫球友名誉公司宣布成立。爱丁堡高尔夫球友名誉公司将过去那种自然状态下，自发的、无人管理的无序打球活动逐渐纳入了有组织、有计划、有人管理的轨道，标志着高尔夫球俱乐部的初步成熟。

### 2. 传统管理阶段

这个阶段是从 18 世纪中叶到 20 世纪初期，经历了 150 多年的时间。随着高尔夫球运动在英伦岛的蔓延，以及打球技巧的日益成熟，过去杂乱无章、自发自愿的打球方式带来了一系列的打球场地限制问题以及打球顺序、打球标准等问题。1754 年，圣安德鲁斯高尔夫俱乐部宣告成立。它首先制定了打球规则，为了使该组织的打球规则更加普及和认可，威廉四世期间，该俱乐部命名为圣安德鲁斯高尔夫俱乐部。由于苏格兰皇室的参与，辅之以行政手段，使得该俱乐部渐渐在高尔夫球界取得了领导地位，其所制定的打球规则沿用至今。

高尔夫球俱乐部传统管理方式与西方产业革命有着密切关系，高尔夫球俱乐部传统管理方式借鉴了西方资本主义工厂制度的管理模式，采用手工、半手工、马力和简单机械的方式进行场地产品的生产和制造，高尔夫球俱乐部主要把劳动力、劳动对象和劳动工具集中到一起，共同进行场地产品的生产。随着高尔夫球运动的不断发展和普及，对管理的技术含量要求越来越高，场地分工协作越来越重要，生产方式也较前发生了较大的变化。在高尔夫球俱乐部传统管理中，管理者推选会员担任，后来由于管理技术含量的提高，管理工作逐渐成为一种专门的职业，出现了经理、主管和领班等岗位。高尔夫球俱乐部传统管理主要是解决怎样实行分工协作，保证场地产品正常生产过程及怎样充分发挥人力、物力、财力，减少资本的消耗和降低生产成本以取得更多的利润。但这时的管理是强制性、家长式的方式，主要凭经验，因而传统管理也称为经验管理。

### 3. 科学管理阶段

这个阶段是从 20 世纪初期到 20 世纪 40 年代，经历了近半个世纪。科学管理是伴随着资本主义从自由竞争阶段向垄断阶段过渡而逐渐形成的。高尔夫球俱乐部在这个时期呈爆炸式发展状态，如美国高尔夫球场的数量达到了历史最高阶段，俱乐部会员人数成倍增长。传统管理的方式已远远不能满足高尔夫球俱乐部会员对球场管理质量的要求，而且俱乐部之间的竞争更加激烈，每个高尔夫球俱乐部投入更多的设备、人员、原材料和资金，这要求高尔夫球俱乐部必须加强计划性、组织性、协调性和控制性，要求工序标准化、专业化、定量化和数据化。因此，单凭个人的经验和判断已不能有效地管理俱乐部。科学管理的重点是解决属于场地生产组织、提高生产效率及服务质量的问题。

**4. 现代管理阶段**

这个阶段是从 20 世纪 40 年代开始至今。随着经济的发展，生产效率的提高，人们有了充足的金钱和时间，使得户外运动和活动更加频繁。这时高尔夫球运动人群日益扩大，高尔夫球场的数量也急剧增长。随着高尔夫球场数量和球员人数的迅速扩大，场地、会所和管理质量以及自动化程度大大提高，管理技术的更新周期越来越短，市场竞争异常激烈，高尔夫球俱乐部的管理目标、经营决策不仅要靠先进的科学技术方法，而且要发挥人的主动性、积极性和创造性，这就对俱乐部管理提出更多、更高的要求。现代企业管理理论就是在这种情况下产生的。现代企业管理主要是解决企业经营战略的问题。

### 二、高尔夫球俱乐部管理的职能

高尔夫球俱乐部管理职能指实现高尔夫球俱乐部管理整体目标和有效管理所拥有的基本功能。它包括计划职能、组织职能、领导职能和控制职能。

### （一）计划职能

高尔夫球俱乐部管理的计划职能主要表现为确立目标和明确达到目标的必要步骤的过程。包括估量机会、建立目标、制定实现目标的战略方案、形成协调各种资源和活动的具体行动方案等。简单地说，计划职能要解决干什么和怎么干两个基本问题。组织其他一切工作都要围绕计划所确定的目标和方案展开，所以说计划是高尔夫球俱乐部管理的首要职能。在现代市场经济条件下，科学、及时地预测和筹划未来发展并制定一个可行的目标方案是应对高尔夫球运动市场行为的基本要求。计划职能已成为现代高尔夫球俱乐部发展的必要条件。

### （二）组织职能

高尔夫球俱乐部管理的组织职能是为了有效实现计划所确定的目标而

在组织中进行部门划分、权利分配和工作协调的过程。它是计划职能的自然延伸，包括组织结构的设计、组织关系的确立、人员的配置以及组织的变革等。

现代高尔夫球俱乐部为了在激烈的市场竞争中寻找先机，必须对高尔夫球俱乐部资源进行有效组织和科学配置。在组织职能中，人力是最重要的资源，只有将高尔夫球俱乐部全体人员组织起来，同时将高尔夫球俱乐部生产服务的各要素、各环节、各部门，从分工协作、合作关系上科学地划分职责，组成一个协同作战的整体，才能完成既定目标，实现俱乐部的经济效益。

### （三）领导职能

高尔夫球俱乐部的领导职能是指管理者指导和激励俱乐部工作人员努力去实现目标的过程。领导职能的核心和难点是调动组织成员的积极性，它需要管理者运用科学的激励理论和合适的领导方式。在现代高尔夫球俱乐部中，建立责、权、利三位一体的组织结构是俱乐部高效运作的重要保证。通过组织结构逐级下达命令、指示，从而实现全体成员的统一行动，各负其责，各有其权，各享其利，全力以赴完成所承担的任务。

### （四）控制职能

控制职能包括确立控制目标、衡量实际业绩、进行差异分析、采取纠偏措施等。现代高尔夫球俱乐部控制职能包括管理人员为保证实际工作与计划目标的一致性而采取的一切管理活动，如场地草坪的质量控制、生产经营的计划编制和执行情况的控制、会籍销售的总体控制、财务收支和成本的控制以及对员工行为和职业礼仪的控制等。

上述四大职能是相互联系、相互制约的，其中计划职能是管理的首要职能，是组织、领导和控制职能的依据；组织、领导和控制职能是有效管理的重要环节和必要手段，是计划及其目标得以实现的保障。只有统一协调这四个方面，使之形成前后关联、连续一致的管理活动整体过程，才能保证管理工作的顺利进行和组织目标的圆满实现。

### 三、高尔夫球俱乐部管理的组织结构

通常来讲，高尔夫球俱乐部管理的组织结构主要有以下三种形式：

### （一）直线型组织结构

直线型组织结构也称单线型组织结构，是最早使用，也是最为简单的一种组织结构类型。"直线"是指在这种组织结构中职权从组织上层"流向"组织的基层（图 6-1）。

这种组织结构的特点：每个主管人员对其下属有直接职权；员工直接向其上级报告；主管人员在其管辖范围内，有绝对的职权或完全的职权。但同一管理层面各职能部门缺乏横向协调关系，各部门只能受上一级管理人员的影响与制约，管理人员的自主性和创造性受到限制。因此，直线型组织结构通常适用于中小型高尔夫球俱乐部。

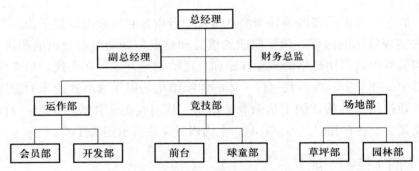

图 6-1　直线型高尔夫球俱乐部组织结构

### （二）职能型组织结构

职能型组织结构也称多线性组织结构，其是按职能分工实行专业化的管理办法（图 6-2）。

这种组织结构的特点：既保持了直线型组织结构集中统一指挥的优点，又吸收了职能型组织结构分工细密，注重专业化管理，有助于提高管理工作的效率。但是，该组织结构属于典型的"集权式"结构，权力集中于最高管理层，下级缺乏必要的自主权；各职能部门之间的横向联系较差，容易产生脱节和矛盾，各职能部门与直线部门之间如果目标不统一，容易产生矛盾。

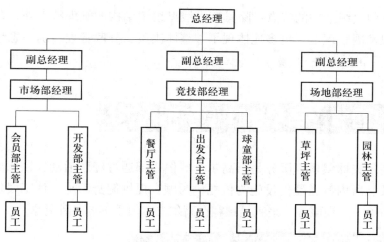

图 6-2　职能型高尔夫球俱乐部组织结构

## （三）集团职能型组织结构

集团职能型组织结构是指大型企业的最高管理决策层下设多个生产、开发和管理的机构，这些管理机构自成一个独立的管理体系，从它们的生产、开发与管理职能出发，形成符合本生产部门管理发展方向及管理目标的人员组织机构和管理机制。这种组织机构通常适用于多元化发展的大型高尔夫球俱乐部（图 6-3）。

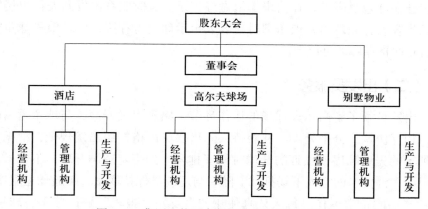

图 6-3　集团职能型高尔夫球俱乐部组织结构

127

这种组织结构的特点：除具有直线型组织结构的管理特点外，在企业的宏观发展管理上，更多地体现了"整体决策、分散管理、统一思想、协调运作"的管理理念。

## 第四节 高尔夫球俱乐部服务

高尔夫球俱乐部服务是指高尔夫球俱乐部通过经营活动，以球场、练习场及会所内各类硬件设施为依托，为顾客提供健身锻炼、休闲娱乐、餐饮食宿等一系列服务，来满足顾客在高尔夫球俱乐部的各种需求。

### 一、高尔夫球俱乐部主要服务内容

从顾客进入俱乐部到前台、出发站，再到球场，以及平时的会员管理和交流活动等，各个环节都体现出俱乐部的服务质量。所以，高尔夫球俱乐部需要对所有服务环节制定服务标准，督促员工严格执行，并进行有效管理。俱乐部日常的服务工作主要包括以下几个方面：

#### （一）迎宾服务

客人到达俱乐部，前台值班球童接下客人球包后第一时间给客人球包寄存牌，提醒客人保管好球包寄存牌，并礼貌致谢。将另一张相同寄存牌对应挂在球包显眼处，在值班本上做好记录。及时联系出发站安排出场服务。当客人打完球离开俱乐部时，客人出示球包寄存牌，前台值班球童核对后收回寄存牌方可放行。

#### （二）出发员服务

出发员须了解高尔夫球场的运作环节，熟悉出发程序，与球童紧密配合，相互协调，公平处事，礼貌待人。出发员严格按照出发规则，根据客人到场的先后顺序或预订的开球时间安排客人到指定球洞开球，不安排未登记或无消费卡的客人下场打球。随时与巡场员保持联系，疏通球道阻塞，保障球场的正常运作。每天认真使用"出发站日报表"登记球车、球童、球包号码，提供给巡场员客人资料表等。

### （三）球童服务

球场服务球童接到出发站的安排指令后，到达出发站清点、确认客人球杆数量，携带球包引导客人至球车。在客人打球的整个过程中，帮助客人照管球杆，介绍球道情况，帮助观察球落点并寻找球，向客人报出球距球洞距离，维护球场环境整洁，修补球痕和耙平沙坑脚印，照管旗杆，礼貌地回答客人有关球道的问题等。客人打完球时，清洗干净球杆并向客人确认数量。最后，将球包寄存牌系好，放到寄存处。

### （四）巡场员服务

巡场员检查球场设施，如告示牌、发球区、垃圾桶等，确保球场标志、数码桩和水障碍桩在适当位置，维护标志物的整齐美观。检查球场内的清洁情况，辨别球场内的问题区域，及时告知出发员及部门主管。时刻留意客人打球速度，与出发员保持联系，保证球场运作顺畅。与出发员保持紧密联系，确定预订状况，随时通知出发员所处位置和线路，以便协调整体运作。当遇到恶劣天气，如打雷、闪电时，做好安全督导、防护工作，传达警告信息给球场内的客人和员工。负责阻止违反俱乐部规定和制度的客人继续打球，有礼貌地说服客人遵守俱乐部的规定。

### （五）会所服务

确保俱乐部会所内通信设施布局合理，手机信号状况良好，餐厅、酒吧、咖啡厅、客房、保健康乐等服务设施布局合理，方便客人。餐具、饮具、台布、餐巾、面巾等需每日清洗、消毒，符合《饭店（餐厅）卫生标准》等相关规定。食品原材料采购、运输、存储的容器包装工具和设备必须安全、无害，保持清洁，防止污染。球场饮用水执行《生活饮用水卫生标准》的相关规定。客房干净、整洁、舒适。热情服务、诚信待客，货真价实、明码标价，出具服务凭证或相应税票，不欺客。

会所更衣室配备更衣柜、淋浴间、卫生间、化妆台、休息区，方便客人进出更衣、淋浴。更衣室入口配备更衣员，及时向客人提供服务。回收更衣员使用过的浴巾和拖鞋，及时清洁、更换、补充所需物品。

在会所内设立失物招领处，提供失物招领服务。提供 POS 机刷卡等服务，接待海外游客比例达到 20% 时要提供外币兑换服务。

### （六）会员服务

会员部进行会员规章制度的设计，包括会员招募、会员转会、会员纪律制度制定和执行等工作。登记会员档案，维护会员权益，执行会员纪律，提供配套服务资料，组织会员竞赛活动、沟通交流活动，征询管理意见，创办会员刊物。

### （七）练习场服务

练习场服务主要是满足初学者或者爱好者热身和练球的需要。练习场分为练球区和洗球区，配备驻场教练，帮助初学者尽快学会打球，帮助爱好者提高球技。

### （八）会议服务

俱乐部内一般都设有大小不同的会议室，在日常经营过程中，也承接一些不同规模的会议。会议室配备投影仪及音响设备。会议配套客房使用。

### （九）交通服务

配置与俱乐部规模相适应的专用巴士及其他车辆的专用停车场，车位能满足球场容量需求，标志标线规范、醒目。俱乐部外部引导标志规范，设置合理、明显；俱乐部内的交通工具使用环保动力电瓶车，电瓶车的运行线路设计合理，与环境相协调，保证交通安全。

### （十）安全服务

设立安全管理部门，建立完善的安全管理责任体系、安全监控系统和安全保卫制度。具备应对突发事件的能力，制定相应的应急预案和处理程序。具备大型活动的应急预案和客流高峰期安全预案。提供24小时保安服务，及时检查、报告和消除安全隐患。重要部位安装监视器、防盗门、报警器、护栏、保险柜等装置。配备俱乐部紧急救援人员。安全档案记录准确、齐全。

### （十一）投诉处理服务

设立投诉受理机构并配备专门人员，建立完善的受理和处理制度，向社会公布投诉电话。接到投诉后，准确记录投诉人姓名、投诉事由，填写"投诉登记表"，迅速调查核实情况，在三个工作日内以口头或书面形式告知客人投诉处理意见。投诉处理档案保存一年以上。

## 二、高尔夫球俱乐部服务的特点

### （一）无形性

服务产品与一般商品之间最基本的一项区别，就是服务的无形性。高尔夫球俱乐部的服务是为消费者提供便利，满足其不同需求活动的过程。它更像是一种经历，不是具体的实物，不像一般商品一样可以触摸、观看。它不像传统市场与实物发生直接的交换，它产生的是一种服务产品，属于服务性行业。

### （二）异质性

服务产品是由员工表现出来的一系列行动来实现的，而员工所提供的服务通常由顾客感受。在高尔夫球俱乐部，由于员工与顾客之间的相互影响、相互作用，俱乐部服务产品的品质永远处于动态变化之中，其产品表现出明显的异质性。对高尔夫球俱乐部来说，影响服务质量的因素如顾客的情绪、顾客对俱乐部员工的要求、俱乐部员工的工作能力和意愿、天气情况等，并不是俱乐部经营者可以完全控制的，但可能影响俱乐部提供的服务产品的品质。

### （三）不可储存性

一般商品往往是先生产，然后储存、销售，最终到达消费者手中。而一般服务产品却是先销售，然后同时进行生产和消费。通常，服务产品在生产时顾客是在现场的，有的服务甚至是很多顾客同时进行消费的。从顾客来到高尔夫球俱乐部，由接包服务、前台员工接待开始，到下场打球时的球童服务，再到后来的会所服务、结账服务，顾客在俱乐部所获得的服务产品都是生产和消费同时进行的。由于服务产品的不可储存性，服务产品不可能保留到第二天销售，所以每一天实现销售的都是当日生产的新的服务产品。

### （四）所有权的不可转让性

对消费者来说，购买服务产品并不等于拥有其所有权。消费者通过购买服务，只是可以在一段时期内获得某项资源的使用权。顾客在高尔夫球俱乐部的消费活动，都只是在此期间可以使用俱乐部的某些设施，享受某些便利。一旦消费结束，则意味着使用权的结束，顾客并没有获得对俱乐部设施、员工的所有权。

### 实训与思考

1. 试述高尔夫球俱乐部管理的发展历程。
2. 简述高尔夫球俱乐部的组织结构。
3. 高尔夫球俱乐部经营的主要内容有哪些？
4. 简述高尔夫球俱乐部的经营模式。
5. 高尔夫球俱乐部的主要服务内容有什么？

# 第七章

## 高尔夫球运动礼仪与竞赛规则

### 本章导言

与许多运动项目不同的是，高尔夫球比赛基本是在没有裁判的情况下进行的。所以这项运动更加注重诚信自律、为他人着想的品质，这也是高尔夫球礼仪与竞赛规则中所提倡的。高尔夫球运动所包含的礼仪文化是这项运动不可或缺的内容，它的传承与发展对于高尔夫球运动在世界范围内的普及和传播都具有重要意义。

### 学习目标

1. 熟悉并养成高尔夫球运动的基本礼仪，培养学生诚信自律、为他人着想的品质。

2. 掌握高尔夫球运动的基本竞赛规则，培养处理在高尔夫球运动竞赛中规则问题的能力。

## 第一节　高尔夫球运动礼仪

礼仪作为高尔夫球运动重要的组成部分，是其区别于其他运动项目的特点之一。如果说高尔夫球运动技术是球员外在的硬件，那么礼仪则是球员内在的软件，而且高尔夫球运动礼仪也是高尔夫球运动规则中不可分割的组成部分。在高尔夫球运动中，如果球员不遵守礼仪规范，属于"违规"，在比赛中，违规程度严重时可能会被直接取消比赛资格。

### 一、高尔夫球运动常规礼仪

#### （一）着装礼仪

拓展阅读：
高尔夫球场
礼仪

高尔夫球运动对着装有特别的规定，这是长期发展沿袭下来的高尔夫球文化的一部分。穿着符合高尔夫球运动服装是对这项运动的尊重。

一般来说，要求穿有领的 T 恤或者 Polo 衫，着西装裤或休闲裤。不允许穿圆领、吊带背心、牛仔系列服装、过短短裤等。在一些高尔夫球赛上，组委会要求球员必须穿长裤参加比赛。

高尔夫球运动着装礼仪中对高尔夫球鞋也提出了要求。为了更好地保护高尔夫球场草坪尤其是果岭，应当穿高尔夫球专用钉鞋或运动鞋，最好是穿胶钉球鞋，严禁穿高跟鞋、拖鞋进入球场。

#### （二）观赛礼仪

高尔夫球运动礼仪不仅对参赛选手做出了规范要求，同时对在场观众的言行举止、穿着等也有严格规定。在一些高尔夫球比赛中规定着装不符合要求的不能进入赛场观赛。另外，为了保护草坪，严禁观众穿高跟鞋、皮鞋进入球场。观看高尔夫球比赛时要做到以下几点：

（1）观众进入赛场观赛时必须关闭手机或将手机调为静音模式，不要随意鼓掌喝彩。在球员准备击球和击球的过程中要保持安静，不要在球场上随意走动、聊天或制造一些不必要的声响，以免影响球员比赛。

（2）球员登上第一洞发球区时，不论哪国的球员都请给予支持，不要吝惜掌声，在球员击完球后可以给予适当的鼓励，比如称赞一声"好球"。

（3）观众不能进入比赛的球道，不能走上发球区和果岭。通常状况下，组委会会将观众区与比赛区分开。如果没有明显的区分标志，观众也不要走到球道上。

（4）观赛时要求相机不能使用闪光灯，快门不能有声音。如果有很喜欢的球员参加比赛，请尽量等球员结束比赛后再去请求合影。

（5）任何情况下都严禁触摸、移动球员比赛中的高尔夫球。如果球落到了观赛区，观众应该自觉保护好球且不被其他观众触摸或移动。

## 二、球场上的行为举止

礼仪规范是高尔夫球运动过程中应当遵循的行为规范，如果大家都遵守，那么球员会从这项运动中获得最大的乐趣。

高尔夫球运动中最重要的原则是在球场上任何时候都要为他人考虑。

绝大多数情况下，高尔夫球运动是在没有裁判员监督的情形下进行的。这项运动有赖于每位参与者诚实的品质。具体表现为替其他球员着想，自觉遵守规则。不论比赛多么激烈，所有球员都应当自觉约束自己的行为，随时表现出礼貌谦让和良好的运动精神。

高尔夫球运动的精神可以概括为一句话，即诚信、自律、为他人考虑。

### （一）遵守出发时间

高尔夫球运动中最大的禁忌是迟到。在正式比赛中迟到，对球员的处罚是很严厉的。迟到5分钟以内会受到一般性处罚（比洞赛该洞负，比杆赛罚两杆），迟到超过5分钟以上则会取消比赛资格。而规则所说的遵守出发时间不仅仅是不能迟到，还不能提前开球，提前开球的处罚跟迟到是一样的。

### （二）球场上的安全问题

球员在击球或试挥杆时，应确保旁边无人或球杆、球、小石子、树枝等可能打到的地方无人站立。

在前面的球员还没有走出安全范围之前，后组球员不应当打球；不要认为"打不了那么远"或"不可能打到那里"。不听从劝告就打球，这样很容易造成安全事故。

准备击球前，应注意观察附近或前方是否有球场工作人员，要考虑到此时击球是否会对他们造成危险。击球后，球偏离目标区域有可能击中他人，球员应当立即大声发出警告。此时，一般使用警示用语"看球（Fore）"。

## （三）为他人着想

### 1. 不要干扰或影响他人

球员在球场上要始终为其他球员着想。有人击球时，不要随意走动、讲话或制造不必要的声音来干扰其他球员打球。应该将手机调为静音或震动状态，避免电话铃声干扰其他球员。尽量避免在其他球员击球过程中接打电话，必须通话时应尽可能小声，尽可能与其他球员保持一定距离。

当其他球员准备打球时，球员不应站在太靠近球的地方、球的正后方或球洞的正后方。

### 2. 球道上的注意事项

击球前，应观察是不是有其他球员已经先行准备好了打球。

击球后，应注意观察还有没有同组球员要击球，不要自顾往前走，以免发生安全事故或影响他人。

当有球员需要找球时，在条件允许的情况下应当尽量帮助其他球员一起找球。

### 3. 果岭上的注意事项

在果岭上，注意观察其他球员的球所在位置。在预判推击路线或测量距离时避免踩踏其他球员的推击线。当其他球员击球时，注意不要让自己的身影投射到其推击线上。其他球员推球时，不要走动，不要发出声响，以免分散球员的注意力。

### 4. 打球速度

（1）快速打球、跟上前组

每一名球员都应认识到自己的打球速度可能影响其他球员。球员应当保持良好的打球速度，以安全和负责任的方式"快打"，也就是说做好击球准备后可以打球。

一组球员有责任跟上前组，如果落后前组一个球洞且堵住了后组，应当请后组先行通过。高尔夫球竞赛规则提倡球员让更快的组别先行通过。

（2）做好打球准备

球员应该提前为下一次击球进行准备，轮到自己打球时，立即准备打球。建议球员在其不受妨碍或干扰时 40 秒内击球，而且通常还应打得更快。完成一个球洞后，球员应当立即离开果岭。

（3）遗失球

如果球员认为自己的球可能在罚杆区外遗失或出界，为了节省时间，应当打一个暂定球。一旦发现不太容易找到球，在找球没有超过 3 分钟之前应发出信号让后组球员先行通过。如果到了找球的规定时间，球员不应继续找球，以免延误比赛。

**5. 对球场的保护**

（1）沙坑

打沙坑球时，应从沙坑较低、最靠近球的一侧进入。打完沙坑球之后，用沙耙将沙坑中的球痕、打痕及脚印耙平，以便为后续球员创造良好公平的击球环境。

（2）修复打痕、球痕和钉鞋造成的损伤

击球后，球员应认真修复他们造成的任何打痕，以及因球的冲击对果岭造成的损伤，不论这些损伤是否由球员本人造成。不要在果岭上跑跳，如果高尔夫球鞋对果岭造成了损伤，也应及时修复。

（3）避免不必要的损伤

试挥杆时，球员应尽量避免削起草皮。当球没打好时，不要出于愤怒而损伤球场。在拔出旗杆和插回旗杆时，注意轻拿轻放，不要损坏球洞。把球从球洞中取出时应当小心谨慎，要用手而不要用杆头从球洞中取球。在果岭上，球员不要将身体倚在球杆上，更不能把手推车拖上果岭。

## （四）遵守驾驶高尔夫球车的注意事项

在驾车时，不要突然加速或者减速，以避免发出较大的噪音。在遇到急转弯或者下雨湿滑天气一定要减速慢行。

行车时应关注周围的打球者，一旦发现有人正准备击球，须停下来，等他人击完球再行驶。

为了保护球场草坪不受到伤害，球车只能行驶在球场的球车道上，尽量避免将球车开上球道，不要随意在球车道上调头或者逆行，以免引发安全事故。

无论球车还是手拉车都严禁开上或推上果岭和发球区，以免对球场草坪造成严重损害。

拓展阅读：
高尔夫球场
规则

## 第二节　高尔夫球竞赛规则

拓展阅读：
高尔夫球规
则的发展简
介

### 一、高尔夫球竞赛规则中常见定义

#### （一）高尔夫球场的相关定义

"球场"是指委员会设定的任何边界线以内的全部比赛区域，球场边界线向地面上空和地面下方两个方向延伸。

"界外"俗称 OB，是指委员会标定的球场边界线以外的所有区域。根据球场边界线的划分，在边界线以内的所有地面和任何自然的或人工的物体，无论其在地表面、地表面上空还是地表面下方，都位于界内。划分界外的界外标志和线一般是白色。

球场里的特殊状况通常有异常球场状况、散置障碍物、妨碍物三种。

**1. 异常球场状况（Abnormal Course Condition）**

异常球场状况是指球场上某些会对球员打球造成不公正影响的状况。它包括动物的洞穴、整修地、不可移动妨碍物或临时积水。

整修地指委员会认为不再适宜打球的区域，一般会用线或桩来标定。任何被标定的整修地均包括标定区域所有地面以及生根于该标定区域内的任何草、灌木、树或其他生长着的或连着的自然物体，包括这些物体延伸至地面上空并处在该标定区域边沿之外的任何部分，但不包括整修地边沿之外的任何地面部分（如树根）。即使委员会没有如此标定，整修地也包括委员会或草坪人员在设置球场（如移走立桩后留下的洞穴）或维护球场制造的任何洞穴（如移走草皮、树桩，或铺设管道时造成的洞穴，但不包括透气孔），以及堆积起来打算以后移走的草屑、树叶或任何其他物体（同时也是散置障碍物）。但是，弃置在球场上不打算移走的任何物体都不是整修地。

临时积水指地表面上任何临时性的积水，如下雨或灌溉造成的水洼，或从一片水域中溢出来的水。临时积水不在罚杆区内。仅仅是地面湿润、泥泞、松软，或者球员踩到地面上的瞬间看到水，不算临时积水，而在球员站位前或站位后（没有用脚过度向下踩）存在积水算临时积水。露水和霜不是临时积水。雪和自然冰（不包括霜）是散置障碍物，但当其位于地面上时是临时积水，球员可以选择其视为哪种状态。

### 2. 散置障碍物（Loose Impediments）

散置障碍物是指任何脱离了生长环境没有与其他物体相连的自然物体。散置障碍物本来属于球场自然包含的一部分，但由于某种原因而从球场脱离，如散落的草、树叶、树枝、树杈，死去的动物，动物的粪便。但如果上述自然物体仍与某物连接着的或正在生长着的或牢固地嵌入地面或黏附在球上，那就不是散置的。沙子、松散的泥土、露水、霜和水不是散置障碍物。雪和自然冰（不包括霜）可以是散置障碍物，当它们位于地面上时也可以是临时积水，球员可以选择视其为哪种状态。蜘蛛网是散置障碍物，即使它与其他物体相连也仍然是散置障碍物。

### 3. 妨碍物（Obstructions）

妨碍物是指除基本组成物和界外标志之外的任何人工物体。虽然它们的存在可能为球员打球提供了便利，但它们不是球场自然包含的一部分，如人工道路、通道、建筑物、避雨亭、喷灌头、控制箱、垃圾箱、球员的装备、旗杆和沙耙等（标定界外的物体除外）。妨碍物分为可移动妨碍物和不可移动妨碍物两种。不可移动妨碍物指移走会比较费力费时的障碍物，或移走它损坏妨碍物或球场的妨碍物，或在其他方面不符合可移动妨碍物定义的任何妨碍物。可移动妨碍物指不费力即可移动而且移动它不会损坏该物体或球场的妨碍物。

## （二）比赛参与者相关定义

球童是指比赛过程中携带、运送（如使用球车或手推车）或管理球员球杆的人。但把球员的球杆、球包或球车挪走的人和出于礼貌而移动上述物品（如拿球员落下的球杆）的人并不一定是球员的球童。每个球员在同一时间内只会有一名球童。除伙伴或伙伴的球童外，球员的球童是球员唯一可以征询助言的人。

记分员是指比杆赛中负责在球员的记分卡上记录成绩并证明该记分卡的人员。记分员一般是委员会指定的人，可以是另一名球员，但不能是伙伴。

委员会是指负责比赛或球场的一个人或一组人。

对手是指一场比赛中与球员（或一方）对抗的另一个人（或另一方）。"对手"这个术语仅用在比洞赛中。

伙伴是指在比洞赛或比杆赛中，与球员作为一方一起比赛的球员。

## （三）赛场上的状况相关定义

### 1. 助言（Advice）

助言是指意图在选择球杆、击球方法、打球决断三个方面影响球员的任何口头评论或行为，如展示刚才击球使用的球杆。

助言不包括物体（球洞、推杆果岭、罚杆区、沙坑或其他球员的球）在球场上的位置，从某一点到另一点的距离或规则等公开的信息。

### 2. 抛（球）（Drop）

抛（球）是指出于让一个球进入比赛状态的意图，用手持球并松手使其经过空中落下。必须由球员本人抛球。

如果球员松手让一个球落下但却无意使其进入比赛状态，则球员没有抛球，这个球也没有进入比赛状态。

抛球时，球员必须从其膝盖高度的位置松手，使球自然落下，但球员不得扔掷、转动或滚动这个球，也不得使用其他可能影响这个球静止的动作，而且在碰到地面之前不能触及该球员身体的任何部位和装备。

### 3. 陷入地面（Embedded）

"陷入地面"是指球员的球位于上一次击球造成的落痕内，并且球体有一部分低于地面高度。如果不是由球员上一次击球造成的落痕或直接砸进地面，没有飞行距离，则不算陷入地面。

一个球不一定非要触及泥土才被视为陷入地面，在球和泥土之间可能会夹有草和散置障碍物也视为陷入地面。

### 4. 进洞（Holed）

球进洞有以下两种情况：

（1）旗杆留在球洞中时，当球员的球在击球后倚靠旗杆静止，只要球员的球任何一部分低于推杆果岭表面，即视为进洞。

（2）旗杆没有留在球洞中时，当一个球在击球后静止在球洞内，并且整体都在推杆果岭表面以下时，这个球即视为进洞。

### 5. 改善（Improve）

改善是指改变一种或多种击球环境使得球位比之前好，或改变影响打球的其他客观环境使球员的击球获得潜在的利益。

### 6. 打球线（Line of Play）

打球线是指球员希望击球后这个球运动的线路，包括该线路向地面上空及其左右飞行的适当距离所构成的区域。打球线不一定是两点之间的直线。根据球员希望球运动的路线，它可能是一条曲线。

### 7. 暂定球（Provisional Ball）

暂定球是指球员刚打的球可能出界或在罚杆区外遗失时打的另一个球。

### 8. 遗失（Lost）

遗失是指一个球在球员或其球童（或球员的伙伴或伙伴的球童）开始找球后3分钟内未找到球的状态。

当球员3分钟内没有找到球或者3分钟内找到一个球但无法辨认出是自己的球时，该球视为遗失。

### 9. 错球（Wrong Ball）

错球是指除球员的比赛中球（无论初始球还是替换球）、暂定球（在其按照规则被放弃之前）或比杆赛中按照规则打的第二个球之外的任何球。如另一名球员的比赛中球、被遗弃的球、球员已经出界的球、遗失的球，或者被拿起后尚未投入比赛状态的球，均为错球。

### 10. 替换（Substitute）

"替换"是指通过使另一个球成为比赛中球的方式更换球员在某个球洞比赛中正使用的球。

无论规则是否允许替换，当球员用任何方式把另一个球而不是其初始球投入比赛状态后，球员就已经用这个球进行了替换。抛或放置了一个替换球后，替换球就成为比赛中球。

### 11. 击球（击打）（Stroke）

击球（击打）是指为击打球而使球杆向前的运动。

如果球员在下杆过程中决定不击打这个球，并在杆头击到球之前有意停止挥杆，或者在无法停下来时有意错过球，以避免击中这个球，则不算作一次击球。

如果球员在试挥或准备击球时不小心击中了这个球，也不算作一次击球。

### 12. 一杆加距离（Strokeand Distance）

一杆加距离是指球员按照规则采取补救时，罚一杆后从上一次击球的地方打一个球的处置程序和处罚。

## （四）球场上的携带品

球员在比赛中会携带许多物品，如球杆、雨伞、球座、帽子、毛巾等，也会使用球场中的一些人工物体，如沙耙、旗杆等。同一种物体，状态不一样，性质不一样。比如苹果，当它被球员放在球包里，它属于装备；当它从树上掉下，散落在球场上，则属于散置障碍物。

### 1. 装备（Equipment）

"装备"是指球员或其球童使用、穿着、手持或携带的任何物品。

用于维护球场的物品如沙耙，只有当它们被球员或球童持在手中或携带时才属于装备。

### 2. 球标（Ball-marker）

球标是指拿起一个球之前用来标记此球所在地点的人工物品，如球座、硬币、制作成球标的物品或其他小型装备。不可以用散置障碍物来当球标。

### 3. 球杆长度（Club-length）

球杆长度是指球员在一轮比赛中携带到球场上使用的 14 支（或更少支）球杆里最长的那支球杆的长度，推杆除外。

球杆长度用来确定球员在各个球洞的发球区的范围，以及按照某条规则补救时确定球员补救区的范围。

在丈量范围时，不是一定要拿除推杆之外最长的那支杆来丈量。例如，某球员在一轮比赛中最长的球杆（除了推杆）是 108 厘米的一号木，则该球员在这一轮比赛中的一个球杆长度就是 108 厘米。在丈量补救区的时候，球员不一定要拿一号木，其他球杆也是可以的，只要其他球杆的长度在 108 厘米内就行。

### 4. 标记（Mark）

标记是指在紧靠这个球后或球旁边放置一个球标或将球杆置于紧靠这个球后或球旁边的地面指示一个球静止后的位置。

### 5. 记分卡（Scorecard）

记分卡是指比杆赛中记录球员各洞成绩的文件。

### 6. 球座（Tee）

球座是指用来把球架离地面以便从发球区将其击出的一种物品，它不得长于 4 英寸，并且必须符合装备规则的规定。只有发球区内可以使用球座。

## 二、高尔夫球比赛中常见的规则判罚

### （一）免罚补救

#### 1. 散置障碍物

球员可以用任何方式（用手、脚、球杆或其他装备）移走位于球场上或球场外的散置障碍物，且不受处罚。

当球倚靠散置障碍物或位于散置障碍物之上静止时，如果移走散置障碍物可能导致静止的球移动，则球员不得故意移走该散置障碍物。

如果球员在移走散置障碍物的过程中，导致球移动，球员要被罚一杆，而且球员必须把移动的球放置回其初始位置（如果不知道初始位置，必须估计球的初始位置），但无须再将散置障碍物放回原处。

#### 2. 可移动妨碍物

（1）球员可以用任何方式移走位于球场上或球场外任何地方的可移动妨碍物，且不受处罚。如果球员的球在移走可移动妨碍物的过程中发生移动，球员不受处罚，但必须把这个球放置回其初始位置（如果不知道初始位置，必须估计球的初始位置）。

（2）当球位于球场上除推杆果岭以外的任何地方的可移动妨碍物之内或之上时，球员可以采取免罚补救，拿起球，移走可移动妨碍物，然后在该球静止在可移动妨碍物之内或之上的位置正下方的估计点（建议在估计点做标记），不比估计点更靠近球洞的一个球杆长度范围内，抛初始球或另一个球。

（3）当球位于推杆果岭上的可移动妨碍物之内或之上时，球员可以拿起这个球并移走可移动妨碍物，然后把初始球或另一个球放置在该球原本静止在可移动妨碍物之内或之上的位置正下方的估计点上。

#### 3. 异常球场状况（包括不可移动妨碍物）

（1）允许补救的情况

① 当球员的静止中球的球位、预计站位区域或预计挥杆区域受到异常

球场状况的影响，异常球场状况即构成妨碍。

仅当球位于推杆果岭上时，异常球场状况影响球员的推击线也构成妨碍。

如果异常球场状况只是距离过近而分散了球员的注意力，但并不满足上述任何一项规定，则不构成妨碍。

② 除罚杆区外，球位于球场任何地方都允许补救。在罚杆区内球员只能按照罚杆区采取补救。

（2）打球明显不合理时不予补救

例如，球员站位受到异常球场状况的影响，但因其他原因导致球员在现有位置打球不合理（如球位很糟糕，可能无法击球），或仅当球员的球杆选择、站位方式、挥杆方式或打球方向在当时的情形中明显不合理时，异常球场状况才会构成妨碍，这种情况规则不予补救。

（3）球位于普通区内的补救

如果球员的球位于普通区内，受到位于球场上异常球场状况的妨碍，球员可以采取免罚补救，在普通区内找最近完全补救点，在不比该点更靠近球洞的一支球杆长度范围（普通区内）内，抛初始球或另一个球。

此处必须从异常球场状况构成的所有妨碍提供完全补救，即补救后，球员的球位、预计站位区域或预计挥杆区域都不再受到异常球场状况的妨碍。

（4）球位于沙坑内的补救

如果球员的球位于沙坑内，受到球场上异常球场状况的妨碍，球员有两种方式采取补救：

① 球员可以采取免罚补救，但是最近完全补救点和补救区都必须在这个沙坑内。如果沙坑内不存在这样的最近完全补救点，球员仍可以使用沙坑内的最大可用补救点作为参考点采取补救。

② 罚杆补救。罚一杆后，球员可以在球洞与初始球连线后方的无限延长线上将球抛在该连线上，可以是除同一沙坑的任何球场区域，球首先触及地面的点在任何方向的一支球杆长度范围内形成一个补救区，且必须与所抛之球首先触及地面的点位于同一球场区域。

（5）球位于推杆果岭上的补救

如果球员的球位于推杆果岭上，受到了球场上异常球场状况的妨碍，球员可以采取免罚补救，把初始球或另一个球放置在最近完全补救点上。最近完全补救点必须在推杆果岭上或普通区内。

如果不存在这样的最近完全补救点，球员仍可以使用最大可用补救点作为参考点采取免罚补救，但最大可用补救点必须位于推杆果岭上或普通区内。

### 4. 危险动物情景

（1）允许补救条件

"危险动物情景"是指当某些危险动物（如毒蛇、蜇人蜂、短吻鳄或熊）离球很近时，如果球员在现有位置打球，可能导致球员受到严重的人身伤害的情景。

无论球位于球场何处，球员都可以按照规则对危险动物情景构成的妨碍进行补救。危险动物情景才会构成妨碍，但以下情况不允许补救：当危险动物情景以外的其他原因导致球员在现有位置打球明显不合理时（如球员因球位于灌木中而无法击球），或仅当球员的球杆选择、站位方式、挥杆方式或打球方向在当时的情形中明显不合理时。

（2）危险动物情景的补救

① 当球位于除罚杆区以外的任何地方，球员可以根据球所处普通区、沙坑或推杆果岭等区域的不同，按照异常球场状况的补救方式采取补救。

② 当球位于罚杆区内，球员可以采取免罚补救或罚杆补救。

免罚补救：从罚杆区内打球，但最近完全补救点和补救区必须位于罚杆区内。

罚杆补救：从罚杆区外打球，按照罚杆区的补救选项。

按这条规则，补救的最近完全补救点是指不再存在危险动物情景妨碍的最近的地点（不更靠近球洞）。

### 5. 陷入地面的球

（1）只有当球员的球在普通区陷入地面时，才允许按照规则采取补救，其他地方不能采取补救。

如果球在推杆果岭上陷入地面，球员可以标记球的位置，拿起并擦拭球，修理由该球的冲击力造成的损伤，然后把球放回原位。

（2）必须是当球位于由球员上一次击球后经过飞行落下来造成的球痕内且球体有一部分低于地面高度时，球员的球才被视为陷入地面。如果球低于地面高度是由其他原因所致，则不算作陷入地面。如抛球、球被某人踩入地面或当球直接被打入地面，并未在空中飞行，则不是陷入地面。

（3）当球员的球在普通区陷入地面时，球员可以采取免罚补救。在紧靠球陷入地面所在位置后方的地点一个球杆长度、不更靠近球洞的范围内抛球。

## （二）罚杆补救

### 1. 罚杆区

罚杆区被标定为红色或黄色，它决定球员的补救选项。球员可以站在罚杆区内打一个位于罚杆区外的球。

（1）罚杆区内的球

当球的任何一部分位于罚杆区边沿内的地面或任何其他物体（如任何自然或人工物体）之上，或触及上述地面或物体，或位于罚杆区边沿或任何其他部分的上空，该球即位于罚杆区内。

（2）球进入罚杆区的补救方式

如需按照罚杆区的补救方式补救，就必须知道或几乎肯定球进入且静止在罚杆区（包括没有找到球）。如果无法知道或几乎肯定该球静止在罚杆区内，并且该球遗失，则球员必须按照规则采取一杆加距离的补救方式。

球进入罚杆区后，球员可以选择在现有位置打球，不予罚杆。没有特定规则限制球员如何在罚杆区打球，与在普通区打球一样；或者按照罚杆区的规则进行罚杆补救，罚一杆后在该罚杆区外打一个球。

● 一杆加距离补救：球员可以从上一次击球的地点打初始球或另一个球。

● 向后连线补救：球员可以在球洞和初始球最后穿越罚杆区边沿的估计点的连线后方无限延长线上抛初始球或另一个球，必须将球抛在该连线上。抛球时，球首先触及地面的点在任何方向的一支球杆长度范围将形成一个补救区，但该补救区不得比初始球最后穿越罚杆杆区边沿的估计点更靠近球洞，并且可以在除同一罚杆区以外的任何球场区域，但是必须与所抛之球首先触及地面的点位于同一球场区域。

● 侧面补救（仅限于红色罚杆区）：以初始球最后穿越该红色罚杆区边沿的估计点为参考点，在不比参考点更靠近球洞的两个球杆长度范围内抛球补救。该范围可以在除同一个罚杆区以外的任何球场区域中。

当球在罚杆区内，异常球场状况、陷入地面的球、不可打之球的规则均不适用。此时，球员唯一的补救选项是按照罚杆区规则进行罚杆补救。但当危险动物情景妨碍该球员打位于罚杆区内的球时，球员可以选择在罚杆区内采取免罚补救或在罚杆区外采取罚杆补救。

**2. 一杆加距离补救、球遗失或出界和暂定球**

（1）任何时候都允许按照一杆加距离的处罚采取补救

任何时候，球员都可以采取一杆加距离的补救，即加上一杆的处罚，并在上一次击球的地点打初始球或另一个球。

无论球员的球在什么地方，球员始终拥有一杆加距离的补救方式。一旦该球员按照一杆加距离的处罚把另一个球投入比赛状态，即使在三分钟找球时间截止之前在球场上找到了初始球，初始球也脱离了比赛状态，此时初始球成为错球，不得再打。

但是，当球员打暂定球或在比杆赛中按照规则打第二个球的时候，需要在上一次击球的地点打球，这次击球并不是运用一杆加距离这条规则。

（2）球遗失或出界时，必须采取一杆加距离补救

① 球遗失。当球员或其球童开始找球后，如果三分钟内没有找到这个球，或三分钟时限内找到一个球但不能辨认出是该球员的球，该球即遗失。

② 球出界。当一个静止的球位于或触及边界线内侧的地面或任何其他物体（如任何自然或人工的物体），即以桩或线靠球场最外侧的边沿为界线，只有球整体越过界线，该球才算出界。

（3）暂定球

① 打暂定球的时机。如果球可能在罚杆区外遗失或可能出界，为了节省时间，球员可以暂时按照一杆加距离的处罚打另一个球。

如果球员意识到初始球只可能在罚杆区内遗失，则不允许打暂定球。如果球员在知道或几乎肯定球在罚杆区内遗失的情况下，打了一个"暂定球"，此时该球不属于暂定球，而是按照一杆加距离的处罚成为比赛状态中的球。

② 宣布打暂定球。如果球员要打暂定球，在击球之前，球员必须使用"暂定"一词宣布自己要打一个暂定球，或用其他方式清楚地表明自己正在按照规则暂时打这个球。球员只说自己要打另外一个球或再打一杆是不够的。如果球员没有这样宣布（即使球员的意图是要打一个暂定球），就在上一次击球的地点打了一个球，那么该球按照一杆加距离的处罚成为球员处于比赛状态的球。

③ 暂定球进入比赛状态。只要球员打暂定球的地点没有比初始球的估计位置更靠近球洞或相等，球员就可以不止一次地击打暂定球而不丧失其

暂定球的性质。如果随后发现初始球在罚杆区之外的任何地方遗失或出界，初始球即脱离比赛状态（即使三分钟找球时间结束后在球场上找到该球）并成为错球，不得再打，此时暂定球就成为比赛状态中的球；或球员在比初始球的估计位置更靠近球洞的地点打了暂定球，暂定球就成为比赛状态中的球。

④ 必须放弃暂定球的情况。

• 三分钟找球时间结束之前在球场的罚杆区之外找到初始球。球员必须在现有位置继续打初始球。

• 在罚杆区内找到初始球，或知道或几乎肯定它在罚杆区内。球员必须在现有位置继续打初始球或按照罚杆区规则采取罚杆补救。

上述情况，球已经是一个错球，球员不得再打暂定球。但在放弃暂定球之前所有对其击打的杆数（包括击球次数和单纯因为打这个球而产生的任何罚杆）均无效。

### 3. 不可打之球

球员可在除罚杆区之外的任何地方决定采取不可打之球的补救。球员是唯一可以决定将自己的球视为不可打之球的人，并按照不可打之球的规则采取罚杆补救。除罚杆区外，球场上任何地方都允许使用不可打之球的补救。

（1）普通区或推杆果岭上不可打之球的补救方式

不可打之球有以下三种补救方式，球员可以任意选择一种，但每种补救方式都要罚一杆。

• 一杆加距离补救：球员可以在上一次击球的地点打初始球或另一个球。

• 向后连线补救：球员可以在球洞和初始球所在地点的连线后方无限延长线上抛初始球或另一个球，必须将球抛在该连线上，抛球时，球首先触及地面的点在任何方向一支球杆长度范围将形成一个补救区，但不得比初始球所在地点更靠近球洞，并且可以位于任何球场区域，但是必须所抛之球首先触及地面的点位于同一种球场区域内。

• 侧面补救：以初始球所在的地点为参考点，在不比该点更靠近球洞两个球杆长度范围内抛球补救，该范围可以在任何球场区域。

（2）沙坑内不可打之球的补救选项

① 按不可打之球的三个补救选项，选择任意一种（罚一杆），但是，

采取向后连线补救或侧面补救时，球必须被抛在并静止在该沙坑内的补救区内。

② 额外补救选项（罚两杆），作为一个额外的补救选项，球员可以按照规则在沙坑外采取向后连线补救，总计罚两杆。

### 实训与思考

1. 球员在打了暂定球之后三分钟内找到了初始球，但发现初始球的球位很糟糕，球员可以放弃初始球，继续用暂定球完成比赛吗？

2. 当界外线由线标定时，该线本身处于界外。当球员的球有任何一部分处于界外线上，这颗球是否就确认已经出界了？

3. 一名球员的球停在球场通道，他认为此球不可打，罚一杆两杆范围抛球的时候，他把球抛在了罚杆区，该如何判决？

# 主要参考文献

[1][英]马尔科姆·坎贝尔.高尔夫学习百科[M].凌云,译.汕头:汕头大学出版社,2007.

[2]蓝祖庆,金克林.高尔夫导论[M].长沙:湖南大学出版社,2014.

[3]吴亚初,魏忠发.高尔夫运动导论[M].北京:人民体育出版社,2015.

[4]辛建荣,毕华,陈扬乐.高尔夫概论[M].哈尔滨:哈尔滨工程大学出版社,2012.

[5]吴亚初,李康,谭晓辉.现代高尔夫俱乐部经营与管理[M].北京:人民体育出版社,2016.

[6]孙跃,蒋小丰.高尔夫导学[M].长沙:湖南人民出版社,2012.

[7]韩烈保,周国庆.高尔夫概论[M].3版.北京:旅游教育出版社,2018.

[8]谭受清.高尔夫球运动导程[M].长沙:国防科技大学出版社,2003.

[9]袁浩镛.高尔夫概论[M].重庆:重庆大学出版社,2016.

[10]吴亚初.高尔夫概论[M].北京:人民体育出版社,2011.

[11]黄运江,黄代华,廖双道.高尔夫球具基础知识[M].长沙:湖南人民出版社,2015.

[12]耿玉东.高尔夫挥杆原理[M]北京:北京体育大学出版社,2002.

[13]郑青,张文,孙跃.高尔夫技术初级教程[M].长沙:湖南人民出版社,2013.

［14］杨华峰，陈炜．高尔夫技术中级教程［M］．长沙：湖南人民出版社，2013．

［15］谭受清．高尔夫俱乐部管理［M］．长沙：国防科技大学出版社，2004．

［16］赵志明，何峰．高尔夫球基本技术与实战策略［M］．北京：旅游教育出版社，2012．

［17］田麦久．运动训练学［M］．北京：人民体育出版社，2000．

［18］曾静平．商业体育赛事论［M］．西安：陕西师范大学出版社，2016．

［19］顾跃，何兵雄．高尔夫赛事组织与运作［M］．长沙：湖南人民出版社，2013．

［20］［美］约翰·斯坦布莱德．高尔夫规则与礼仪［M］．曾婷婷，译．北京：机械工业出版社，2008．

［21］李今亮，冯力源．GOLF下场学规则［M］．北京：北京体育大学出版社，2008．

［22］李今亮．高尔夫规则细解［M］．北京：法律出版社，2011．

［23］张松平，余华．高尔夫礼仪与规则［M］．长沙：湖南人民出版社，2013．

［24］陈奕滨，何莽．高尔夫俱乐部经营与管理［M］．北京：旅游教育出版社，2015．

［25］黄丽坚．高尔夫俱乐部会所经营与管理［M］．广州：暨南大学出版社，2010．

［26］王晓俊．高尔夫俱乐部管理手册［M］．北京：人民体育出版社，2015．

［27］常智慧，韩烈宝．高尔夫俱乐部经营与管理［M］．北京：科学出版社，2011．

［28］周华庭，陈巨红．高尔夫俱乐部经营与管理实务［M］．长沙：湖南人民出版社，2012．

［29］孙班军．高尔夫球俱乐部管理［M］．北京：人民体育出版社，2012．

［30］詹新寰．中国高尔夫产业发展研究——基于SCP框架的分析［M］．北京：经济日报出版社，2014．

［31］吴克祥．高尔夫产业概论［M］．北京：中国旅游出版社，2014．

［32］李云霞，张金鸥．商务高尔夫［M］．昆明：云南大学出版社，2009．

［33］周华庭．高尔夫运动对经济社会发展的作用研究［J］．现代物业（中旬刊），2011，10（05）：6-8．

［34］路志峻，李金梅．"捶丸"与高尔夫球关系考［J］．敦煌学辑刊，2020（02）：177-183．

［35］李谕藩．发生学视角下高尔夫运动的起源及其特点［J］．当代体育科技，2017，7（29）：207-209，212．

［36］王军．高尔夫赛事组织机构人才的管理策略［J］．体育科学研究，2015，19（01）：29-32．

［37］刘云朝，黄诚．中国高尔夫运动发展的特点与趋势［J］．体育研究与教育，2013，28（01）：59-62，104．

［38］白东哲．美国职业高尔夫球运动员培养路径对我国的启示研究［D］．长春：吉林大学，2017．

［39］郭法博．厦门女子高尔夫国际公开赛运营模式研究［D］．厦门：集美大学，2018．

［40］吴铁勇．新时期我国高尔夫球的发展困境与突破路径［J］．体育文化导刊，2019（11）：50-55．

## 郑重声明

高等教育出版社依法对本书享有专有出版权。任何未经许可的复制、销售行为均违反《中华人民共和国著作权法》，其行为人将承担相应的民事责任和行政责任；构成犯罪的，将被依法追究刑事责任。为了维护市场秩序，保护读者的合法权益，避免读者误用盗版书造成不良后果，我社将配合行政执法部门和司法机关对违法犯罪的单位和个人进行严厉打击。社会各界人士如发现上述侵权行为，希望及时举报，我社将奖励举报有功人员。

反盗版举报电话　（010）58581999　58582371

反盗版举报邮箱　dd@hep.com.cn

通信地址　北京市西城区德外大街4号　高等教育出版社法律事务部

邮政编码　100120

### 读者意见反馈

为收集对教材的意见建议，进一步完善教材编写并做好服务工作，读者可将对本教材的意见建议通过如下渠道反馈至我社。

咨询电话　400-810-0598

反馈邮箱　gjdzfwb@pub.hep.cn

通信地址　北京市朝阳区惠新东街4号富盛大厦1座
　　　　　高等教育出版社总编辑办公室

邮政编码　100029

### 防伪查询说明

用户购书后刮开封底防伪涂层，使用手机微信等软件扫描二维码，会跳转至防伪查询网页，获得所购图书详细信息。

防伪客服电话　（010）58582300